현대 그리스도인의

우울증 헤쳐나가기

현대 그리스도인의

우울증 헤쳐나가기

정동섭 지음

가족관계연구소장, 캐나다VIEW대학원 교수, Ph.D.

현대 그리스도인의
우울증 헤쳐나가기

초판 1쇄 발행 2012년 9월 24일
2쇄 발행 2014년 10월 10일

지은이 | 정동섭

펴낸이 | 임말희
인쇄 | 문성인쇄
펴낸곳 | 눈 출판그룹

출판등록 | 2012년 5월 23일 제321-2012-000122호
주소 | 서울특별시 서초구 서초동 효령로 60길 23-11 서전빌 3층
전화 | 02-3394-4745
팩스 | 02-3394-4749
이메일 | malheeklarayim@gmail.com
홈페이지 | www.nun.or.kr

값 12,000원
ISBN 978-89-94347-18-9 (03180)

파본이나 잘못된 책은 바꿔드립니다.

 이 도서의 국립중앙도서관 출판시도서목록(CIP)은 e-CIP 홈페이지(www.nl.go.kr/ecip)에서 이용하실 수 있습니다. (CIP 제어번호: 2012004249)

우울하고, 슬프고, 외롭고, 비참하고,

가끔 자살충동을 느끼는 우울증 환자들에게 이 책을 바친다.

목 차

Ⅳ 우울증의 분류

Ⅴ 우울증 치료와 예방

Ⅵ 그리스도인의 우울증에 대한 결론

부록

저자 서문

우울증은 인류가 앓고 있는 최악의 비육체적인 고통이다

– 익명의 정신과의사

"나는 사회로부터 격리되어 버렸다. 무슨 일도 나에게는 의미가 없어져 버렸다. 나 자신을 감옥에 감금해 버렸다. 이곳에서 나 자신을 꺼내줄 열쇠가 보이지 않는다." [주홍글씨]의 저자 나다니엘 호손은 12년간 우울증을 앓았는데, 친구에게 보낸 편지에서 이렇게 고백했다. 현대를 살아가는 우울증 환자의 심정을 아주 잘 대변하고 있다고 생각한다.

우리는 누구나 기분의 변화를 경험하며 살아간다. 소망하는 일이 잘 풀려서 기분이 좋고 즐거우며 신바람이 날 때가 있다. 자신이 유능한 사람이라는 생각이 들며 자신감과 의욕이 충만해지고 인생은 정말 살 만한 것이라고 여겨져 '기분이 들뜨는' 때가 있다. 오랜 노력 끝에 열망했던 일이 성취되었을 때, 좋아하던 사람으로부터 사랑을 확인했을 때, 여가와 취미 생활에서 즐거운 경험을 할 때, 우리는 기쁨과 행복감을 느낀다. 그러나 인생에는 행복한 날들만 있는 것은 아니다.

사랑하는 사람을 잃었을 때, 관계가 깨어졌거나 건강하지 못한 관계 속에 있을 때, 실직하거나 해고당했을 때, 가족이나 사회생활에서 어떤 어려운 일에 압도되어 도무지 어찌해볼 도리가 없어 보일 때, 그 극복하기 힘든 상황 속에서 우리는 슬픔, 분노, 좌절, 불안, 수치심 등에 사로잡히게 된다. 우리는 타락한 세상 속에 살면서 실패와 좌절, 그리고 상실의 아픔을 경험하게 된다. 사업에 실패하기도 하고 대입에 낙방하기도 하고, 직장에서 실직을 당하기도 하며, 사랑하던 사람으로부터 거절을 당하기도 한다.

이처럼 인생의 고통스러운 시련을 겪을 때 흔히 우리에게 찾아드는 것이 우울증이다. 살다보면 누구나 빠질 수 있는 '인생의 늪' 이며, 누구나 겪을 수 있는 '심리적 독감' 이다. 우울증은 '전 세계적으로 퍼져 있는 장애disability의 첫째가는 원인' 이라고 불린다. 정신건강 전문가들이 만나는 사람들에 의해서 경험되는 가장 흔한 장애이며 정신과의사를 포함하여 정신건강 종사자들에게서 발견되는 가장 흔한 문제이기도 하다(Gary Collins, 2007).

우울증이란 무엇인가? 우울증의 증상과 유형에는 어떤 것이 있는가? 우리나라의 우울증 유병률과 발병률은 어떠한가? 나는 혹시 통원치료를 받아야 할 우울증 환자가 아닌가? 신앙인도 우울증을 앓을 수 있는가? 성경은 우울증에 대해 무엇을 말하고 있는가? 우울증은 왜 일어나는가? 우울증의 원인에는 어떤 것이 있는가? 자살 충동을 느끼는 사람을 어떻게 도와줄 수 있는가? 우울증은 어떻게 치료할 수 있는가? 우울증을 어떻게 예방할 수 있는가? 정신적으로 건강한 사람은 어떤 사람인가? 우울증을 치료하는 구체적 방법에는 어떤 것이 있는가?

나는 이러한 질문에 대한 답을 찾아보기 위해 이 책을 썼다. 나는 어린 시절부터 34년간 우울증을 앓았던 상담심리학자로서 우울증세로 인해 고통 받고 있는 독자와 가족들에게 실제적인 위로와 도움을 주고 싶어서 이 책을 썼다. 이야기체로 많은 예를 들어가며 쓸 수도 있겠지만, 문제의 핵심만을 요약해 전달하고 해결책을 제시하는 방법을 택하였다.

I

그리스도인도 우울증에 걸릴 수 있는가?

'짓누르는 우울증이 그를 떠나지 않았다. 그는 이것에 대해 기도도 해보았고, 하나님께 따져보기도 했고, 믿음으로 이겨 보려고 애도 써 보았으며, 의사와 상의도 해보았다. 그러나 짓누르는 우울증은 여전했다. 어떤 때는 절망적이어서 차라리 목숨을 끊어버리고 싶다는 생각이 들 정도였다. 고기 써는 나이프를 드는 것조차 꺼려질 때가 있었다. 혹시 그 나이프로 목숨을 끊게 되지나 않을까 싶어서 말이다. 수 년 동안 그는 자신의 우울증을 극복해보려고 별의별 수법을 다 써보았다. 어떤 때는 기분이 좋아져서 우쭐해지기까지 할 때도 있었다. 그런가 하면 아내나 친구들이 종종 그를 위로하기도 했다. 그러면 그는 기분이 좋아져서 노래도 하고 춤도 추고 농담도 하며 심지어는 배도 고프지 않은데 음식을 먹기까지 했다. 어떤 때는 자신이 하는 일에 몰입함으로써 우울증이 가져다주는 그 고통을 무시해 보려고도 했다. 그는 혼자 있지 않으려고 무척 애를 썼으며, 현명한 상담자의 도움을 구하기도 했다. 교회 내에서 주는 도움도 받아보았으며, 위로를 찾아 종종 성경을 펼치기도 했다.'

로날드 베인튼(Ronald Bainton, 1950)

종교개혁으로 세계역사를 바꿔놓은 마틴 루터가 겪어야 했던 우울증을 전기 작가는 이와 같이 기록하고 있다. 그리스도인은 결코 우울해서는 안된다고 말하는 이들이 있지만 이것은 잘못된 믿음이다.

교회 내에서도 우울증을 경험하는 교인들이 날로 증가하여 목회적 돌봄과 전문가들의 관심이 요구되는 시점에 이르렀다. 이은주, 정다빈, 안재환, 최진실, 최진영, 김추련의 경우에서 보듯이 교회 생활을 하던 이들 가운데 우울증이 악화되어 자살하는 사례도 늘어가고 있다.

그러나 아직도 일부 교회에서는 우울증 혹은 우울한 정서로 고통 받는 그리스도인들이 적절한 관심을 받지 못하고 있고, 정신병원이나 심리치료사 또는 기도원에 적당히 떠넘겨지고 있는 것이 현실이다. 이제 교회는 우울증 교인들을 소외시키고 방관할 것이 아니라 적극적으로 돌아보고 치유해주어야 할 때가 되었다.

그러기 위해서는 먼저 교인들과 목회자들이 가지고 있는 우울증에 대한 일반적 편견부터 수정되어야 할 것이다. 존 번연이나 마틴 루터, 그리고 스펄전 목사가 우울증으로 고생했던 것처럼, 신앙생활을 오래 한 거듭난 그리스도인이라 할지라도 우울증으로 고통 받을 수 있기 때문이다. 얀시(Yancey, 1988)가 지적한 것처럼 우울증은 '하나님은 불공평하신가, 하나님은 침묵하시는가, 하나님은 숨어계시는가?' 와 같은 어려운 질문을 촉발한다

빌리 그래함(1986) 목사는 말했다. "가족의 죽음, 자녀의 반항, 실직 등과 같은 역경, 실패, 좌절을 당할 때 그리스도인도 우울증에 빠질 수 있다. 이런 경우, 우리는 그들에게 다음과 같은 따뜻한 격려의 말을 해 주어야 한다. '당신은 결코 혼자 고통당하는 것이 아닙니다. 하나님이 돌보고 계시기 때문에 당신을 혼자 내버려두지 않으실 것입니다. 예수님은 우리의 죄뿐만 아니라 슬픔과 애통함도 지셨습니다.'"

영혼의 어두운 밤 dark night of the soul

이것은 '영적 우울증' 에 해당하는 것으로 중세의 기독교신비주의자들은 우울증을 '영혼의 어두운 밤dark night of the soul' 이라 불렀다. 우울의 증세는 소망의 상실과 실존적 공허감, 그리고 절망감으로 나타났다. 우울증은 때로는 성 요한(St. John of the Cross)이 '영혼의 어두운 밤' 이라 불렀던 영적 메마름과 관련될 수도 있다(사 50:10). 캐나다의 노바 스코시아Nova Scotia에서 활약했던 열성적 복음주의자 헨리 앨린Henry Alline은 영적 우울증을 심하게 앓았다.

내 눈앞에 전개되는 모든 것이 짐스러워 보였다. 지구 자체가 나에게는 저주받은 것처럼 보인 것이다. 나무, 식물, 바위, 언덕, 골짜기가 전부 저주받아서 신음하며 으르렁거리는 것 같았고 내 주위의 모든 것들이 나의 몰락을 재촉하고 있는 것 같았다. 아침에 깨어났을 때는 '오,

가련한 나의 영혼이여, 너는 난파당했구나. 나는 이제 무엇을 해야 하며, 어디로 가야 하는가?' 라는 생각이 제일 먼저 떠올랐다. 때때로 자리에 앉아서 나 스스로에게 이런 말을 할 때도 있었다. '내가 이 아침이 오기 전에 지옥에라도 빠진 것이 아닌가?' (김병오, 2009, p. 34)

앨린이 앓았던 '영혼의 어두운 밤' 은 현대인에게 임상적으로 나타나는 우울증과 동일한 것이 아니다. 제랄드 메이(Gerald May, 1982)는 '어두운 밤' 의 특징을 다음과 같이 요약했다.

- '어두운 밤' 경험은 보통 임상적 증후군과 달리 생활이나 일에서의 비능률과 연계되지 않는다.
- 보통 유머 감각을 상실하지 않는다.
- 영적 가난함에 대해 의식하는 것이 마땅하다는 인식이 있다.
- 우울증에서 자주 발견되는 도움을 호소하는 경향이 별로 없다.
- 상담자는 어두운 밤을 경험하는 사람과 관계할 때 좌절감이나 짜증 같은 것을 느끼지 않는다.

인간의 영혼을 정화하기 위해 겪는 영혼의 어두운 밤의 체험과 임상적 우울증세 사이에는 엄연한 차이가 있다. 그러나 모두 소망의 상실과 실존적 공허감, 그리고 절망감을 느낀다는 면에서는 공통점이 있다고 하겠다.

이들은 하나님께 의문을 제기한다. 하나님의 숨어계심(시 10: 1)과 잊어버림(시 44:24), 그리고 거절하심(시 27:9)에 대하여 의문을 제기한다. 그리고 하나님의 침묵하심(시 55:1-2)과 멀리 떨어져 계심(시 38:21-22)에 대하여 의문을 제기한다.

영성신학자 리처드 포스터Richard Foster는 "어두운 밤이 나쁜 것이거나 파괴적인 것이 아니다. 어두움의 목적은 우리를 처벌하거나 괴롭히려는 데 있는 것이 아니다. 우리를 자유하게 하는 데 그 목적이 있다"고 했다(Tan & Lyles, p. 149). 어두운 밤은 하나님께서 우리를 침묵과 고요함으로 인도하여 영혼을 내면적으로 변화시키는 과정이다. 영혼은 어두운 밤을 지나 더욱 거룩하게 변화된다. 우리는 어두운 밤을 그대로 인식하고 하나님께서 모든 소음과 분산으로부터 멀어지도록 우리를 사랑스레 인도하시는 것에 대해 감사해야 할 것이다.

성경적 은유로 말하자면, 어두운 밤의 경험은 광야 여정에 비유될 수 있다. 바르게 대처한다면 우리는 어두운 밤을 거치면서 변화와 새로운 정체감, 새로운 방향, 그리고 소망을 발견할 수 있다. 여타의 모든 고통이 그러하듯, 우울증의 몇 가지 되지 않는 장점 중 하나는 우울증이 의미 있는 무언가를 우리에게 이야기한다는 점이다(미라 체이브존스).

여러 기질(담즙질, 다혈질, 점액질, 우울질) 가운데 우울증에 취약한 기질이 따로 있는가? 대답은 "그렇다"는 것이다. 우울증melancholy은 누구나 겪을 수 있는 일시적 질환이다. 그러나 기질적으로 우울질적인 성격의 소유자가 더 쉽게 걸릴 수 있다. 우울질의 기질적 특징은 내향적이고 고립적이며 자기표현이 적고 다른 사람의 접근도 원치 않는 비사교성을 들 수 있을 것이다. 우울질은 진리를 찾기 위해 모든 것을 비판하고 분석하며 사색에 빠지는 사람들이고, 사색적, 지적, 예술가적인 천재적 성향을 가진 사람들이다. 완벽주의적이며, 목표에 이르지 못하면 자신을 비하하며 무가치감에 잘 빠진다. 비사교적이고 고립적이다. 우울질은 이와 같이 기질적 독특성에서 우울증적 요인을 많이 가지고 있기 때문에 우울증에 더 취약하다. 완벽주의로 인한 부정적 사고, 비판적 분석적 사고, 고립적 태도, 자기비하와 죄책감, 존재에 대한 공허감은 우울증의 증상적 특징이기도 하기 때문이다(신진, 2005).

교회 내의 우울증

이제는 교회 내에서도 우울증을 경험하는 교인들이 날로 증가하고 있고 우울증과 조증의 비율은 교회 공동체 내에도 똑같이 높게 나타나고 있다(Yarhouse, Butman, & McRay, 2005).

교회 내에서도 평신도만 아니라 많은 목회자들이 우울증에 시달려 목회사역에 어려움을 겪고 있으며 사모들의 경우에는 일상생활조차 힘든 정신병적 우울증의 상태에 이른 분들도 있다. 기독교인들은 우울증을 신앙이 부족해서, 의지가 약해서 생기는 질환으로 생각하기 쉽다. 하지만 거듭난 그리스도인이라도 우울감 또는 우울증으로 고통 받을 수 있다. 그리스도인들의 우울증은 신앙이 없기 때문이라기보다 오히려 자신들이 경험하는 사건이나 살고 있는 환경에 대해서 부정적이고 비합리적으로 사고하는 그들의 부정적 사고의 틀 때문에 유발된다고 보아야 할 것이다(김예식, 2003).

우울증은 감기처럼 흔할 뿐만 아니라 누구에게나 생길 수 있다. 사실 우울증은 그 이름조차 무색할 정도로 우리 삶에 전혀 영향을 끼치지 않을 수도 있다. 하지만 그와는 정반대로 너무 심각해서 우리의 삶을 통째로 흔들어 놓을 수도 있다(미라 체이브존스).

하브너(Vance Havner, 1974) 목사는 우리 일상 경험의 대부분은 세 가지 종류 중 하나라고 말한 적이 있다. 첫째는 산정상과 같은 날들(mountain top days)이 있다. 모든 것이 잘 진행되고 있으며 세상은 매우 밝게 보인다. 그러나 이러한 경험은 일시적이고 영원하지 않다. 삶이 마치 두 개의 산 정상 사이에 평지나 계곡이 없는 것처럼 이쪽 정상에서 저쪽 정상으로 건너뛰며 소망 가운데 삶을 살 수 있다고 기대하는 것은 비현실적이다. 오히려 우리 삶의 대부분은 일상적인 일을 하면서 그다지 고양되지도 않고 그다지 우울하지도 않은 평범한 날들ordinary days을 보내는 것으로 이루어져 있다. 그런 가운데 우리에게는 혼란과 의심과 낙심과 절망을 겪으면서 무거운 발걸음을 옮겨야 하는 어두운 날들dark days도 있다. 사망의 음침한 골짜기 같은 날들이 계속되다가 몇 달 또는 심지어 몇 년 만에 밝은 표정을 되찾기도 한다. 암흑의 시기가 계속될 때 우리는 우울증을 통과하고 있는 것이다.

우울증은 지난 삼천년 이상 인간사회의 일반적인 문제로 인식되어 왔다. 국가와 문화의 차이를 넘어서서 모든 인간들에게 찾아올 수 있는 보편적 문제이다. 또한 우울증은 유아를 포함하여 남녀노소 모든 연령대의 사람들에게 영향을 미치는 보편적인 현상이다. 어떤 웹 사이트에서 제시하는 바에 의하면 만일 우울증에 걸린 사람들뿐만 아니라 그들의 가족, 친구, 직장동료 등 관련된 다른 사람들 모두를 고려한다면, 우울증은 거의 모든 사람들에게 영향을 미치고 있는 셈이다. 우을증은 삶을 붕괴시키고, 일상적인 기능을 저해하며, 업무 중에 자주 문제를 일으키고, 효율성을 감소시킨다. 또한 우울증은 영적 성장을 저해하고 가족과 사회생활을 파괴한다.

역사적으로 일부 위대한 군사 지도자들, 정치가, 음악가, 과학자, 신학자들이 우울증의 희생자들이었는데, 예를 들면 루소, 괴테, 발자크, 헤밍웨이, 카뮈, 도스토엡스키, 빅토리아 여왕, 링컨, 차이코프스키, 윈스턴 처칠, 조지 프레데릭 헨델, 에드가 엘렌 포우, 나폴레옹 보나파트, 빈센트 반 고흐, 그리고 심지어 프로이트까지 우울증으로 고생했다. 신앙의 위인들 가운데서도 존 번연, 마틴 루터, 찰스 하돈 스펄전, 허드슨 테일러, 그리고 C.S. 루이스 등과 같은 이들도 우울증으로 괴로워한 것으로 알려져 있다.

우울증은 모든 사람에게 보편적으로 나타난다. 즉, 우울증은 정신장애의 감기와 같은 것으로 알려져 있다. 아마도 우리 모두는 가끔 우울증을 경험하며 때로는 전혀 예측하지 못할 때에 경험하기도 한다. 상실이나 개인적인 실망 후에 따라오는 슬픔의 시기를 보낼 때 심하지 않은 형태로서 우울증이 나타나기도 한다. 더 심각한 우울증은 실망감, 공포감, 소진감, 무감정, 절망감, 내면적 좌절, 자살충동으로 그 희생자를 압도한다. 흔하지는 않지만 심각한 정신병의 한 부분으로 나타나는 경우에는 자녀들을 죽이는 것과 같은 극단적인 행동을 일으킬 수도 있다. 한 가지 또는 그 이상의 몇 가지 형태의 우울증은 다른 어떤 문제보다도 사람들로 하여금 상담실로 찾아오도록 만드는 주요한 요인이라 할 수 있다.

성경과 우울증

성경에서는 우울증이라는 말을 사용하지 않는다. 이 말은 최근에 생긴 기술적 용어이기 때문이다. 그렇지만 절망, 슬픔, 낙담, 한탄 등과 같이 우울증 증상을 묘사하는 용어들은 여러 군데서 찾아볼 수 있다.

예를 들면 시편 69편, 88편, 102편은 절망의 노래이다. 그러나 이들이 희망적 상황 안에서 자리 잡고 있는 것에 대해 주목하라. 시편 43편에서 다윗왕은 글을 쓸 때 다음과 같이 우울과 기쁨을 함께 표현하고 있다.

내 영혼아 네가 어찌하여 낙망하며
어찌하여 내 속에서 불안하여 하는고
너는 하나님을 바라라
나는 내 얼굴을 도우시는 내 하나님을
오히려 찬양하리로다

-시편 43: 5

구약과 신약의 성도들도 우울증을 경험했다. 우울한 기분은 모든 사람에게 느껴지는 감정이며 기독교인들도 우울증에서 예외일 수는 없다. 우리는 성경에서 믿음이 좋은 하나님의 사람들이 우울증으로 고통받았던 예를 쉽게 찾아볼 수 있다. 욥과 모세, 다윗, 엘리야, 요나, 예레미야, 바울, 그리고 예수님을 꼽을 수 있다. 아합왕은 나봇의 포도원을 갖지 못한 것으로 인해 “얼굴을 돌이키고 식사를 아니하였다”고 기록하고 있다(왕상 21:4). 이러한 반응은 전형적인 우울증 증세로 수천 년이 지나도 전혀 바뀌지 않은 패턴이다. 예레미아 선지자는 애가서를 기록하였다. 엘리야 선지자는 갈멜산에서 하나님의 전능하신 역사를 보았지만 이세벨이 살해하고자 위협했을 때 이를 피해 광야로 도망갔고 거기서 엄청난 낙담에 빠졌다. 그는 로뎀 나무 아래서 자기를 죽게 해달라고 하나님께 기도하였고 하나님이 보내신 천사의 돌봄을 받는 것 외에는 아무 것도 할 수 없었다(왕상 19:4). 아드레날린 분비가 많아졌다가 낮아지면 우울감이 찾아온다. 엘리야는 ‘아드레날린 후 우울증post-adrenaline depression’을 겪었던 것이다. 절정경험 직후에 나락으로 떨어지는 우울 효과를 우리 모두는 잘 알고 있다.

욥의 우울증에는 주요우울장애에 나타나는 극단적 슬픔(욥3:20), 죽음을 원함(욥3:21), 수면곤란(욥7:4), 인생비관(욥14:1), 무기력(욥3:26), 무가치감(욥9:21), 그리고 신체적 증상(욥17:7)이 나타났음을 알 수 있다. 우울증은 삶의 존재의미를 상실한 의미의 위기crisis of meaning이자 영적 위기spiritual crisis이기도 하다.

사울왕의 정신적 고통은 ‘그를 괴롭히는 악령’ 때문이라고 쓰고 있다. 사울왕의 고통은 다윗이 켜는 하프소리를 듣고 완화되었다고 하는데, 이것은 음악치료에 관한 가장 최초의 기록 중 하나다. 성경에는 우울증으로 고통 받은 여인의 이야기도 있다. 심한 우울증에 빠진 한나는 울고, 초조해하고, 비탄에 잠기고, 거식하고 슬픈 생각에 빠지기도 했다. 그녀의 우울증은 아기를 임신할 수 없기 때문이었다. “원통함과 격

동됨이 많은" 가운데 그는 기도했다. 아기를 갖게 해달라는 기도를 들은 제사장이 여호와 하나님께서 그녀의 간구를 들을 것이라고 확신시켜 준다. 그 후 재차 확인을 받은 한나는 마음이 편해져서 "가서 먹고 얼굴은 더 이상 슬픈 표정이 아니더라"고 했다. 후에 한나가 아기를 낳았는데 그가 사무엘이다(삼상 1:9-18).

겟세마네 동산에서 예수님은 매우 괴로웠고 이런 광경에 대해 영어 성경 번역본Amplified Bible에는 매우 생생하게 그 말씀이 묘사되어 있다. "고민하고 슬퍼하사 이에 말씀하시되 내 마음이 심히 고민하여 죽게 되었으니."

성경은 우울증을 다루는 데 탁월한 자원이 된다. 시편의 경우는 모든 세대에 걸쳐 우울증에 걸린 사람들에게 위안이 되고 있다. 성경은 하나님에 대한 우리의 신뢰감을 회복시키며 사물을 바른 시각으로 보게 하는데, 이것은 우울증의 타래를 푸는 귀중한 실마리가 된다.

슬픔의 고통에 대한 수많은 언급을 하는 이러한 사례들은 성경이 현실적 특성을 지니고 있음을 잘 나타낸다. 그것은 명백한 희망과 대조가 되는 현실적인 고통이다. 우울감에 빠졌던 믿음의 선진들은 결국 새롭고 지속적인 기쁨을 경험하게 되는데 심지어는 그들의 환경이 전혀 변하지 않았을 때에도 그러한 경험을 한다. 성경적 강조점은 인간의 고통보다 하나님에 대한 믿음에 있고, 비록 지상에서는 아닐지라도 천상의 풍성한 삶에 대한 보장을 강조한다. 바울은 기록하기를, '우리가 사방으로 우겨쌈을 당하여도 싸이지 아니하며 답답한 일을 당하여도 낙심하지 아니하며 핍박을 받아도 버린바 되지 아니하며 거꾸러뜨림을 당하여도 망하지 아니하고(고후 4:8-9)··· 우리는 잠시 받는 환난의 경한 것이 지극히 크고 영원한 영광의 중한 것을 우리에게 이루게 함이니 우리의 돌아보는 것은 보이는 것이 아니요 보이지 않는 것이니 보이는 것은 잠깐이요 보이지 않는 것은 영원함이니라'(고후 4:17-18)라고 말했다. 로마인을 위한 바울의 이와 같은 확신에 찬 기도는 모든 기독교인들에게 머지않아 응답될 것이다.

소망의 하나님이 모든 기쁨과 평강을

믿음 안에서 너희에게 충만케 하사

성령의 능력으로 소망이 넘치게 하시기를 원하노라

-로마서 15:13

우울증에 대한 그리스도인들의 흔한 오해

거의 모든 그리스도인이 우울증에 대해 신앙적 편견을 가지고 있다(Norman Wright). 다음은 그리스도인에게서 흔히 발견되는 오해이다.

모든 우울증은 사탄으로부터 오는 것이다

이와 같은 시각은 우울증이 외부로부터 침입한다는 생각에 근거한 것이다. 우울증의 원인을 사탄에게 돌리게 함으로서 적절한 조치를 취하지 못하게 할 수 있다.

우울증은 죄의 결과로서 오는 것이다

자기 연민이나, 불신, 고백하지 않은 죄, 해소되지 않은 분노와 원한과 같은 요인들은 분명히 죄악된 것이다. 그러나 우울증 자체는 죄라고 볼 수 없다. 그리고 우울증이 항상 영적인 원인으로 발생하는 것도 아니다. 물론 타락하고 죄악된 행동으로 인해 생긴 죄책감이 우울증에 이르게 하는 요소가 되기도 하지만, 대부분의 우울증은 상실의 경험이나 신앙적 이상과 현실의 불일치로 말미암은 비합리적 책임감에 기인하며 자신을 과도하게 자책하며 괴로워하는 성실한 신앙인에게서 발생한다.

우울증은 하나님이 우리를 벌하시는 것이다

우리는 처벌과 징계를 혼돈해서는 안된다. 벌은 "죄의 결과"를 이르는 말이고, 징계는 올바른 행위로 이끄는 것을 말한다. 하나님은 예수 그리스도의 죽음을 통해서 단번에 우리 죄를 용서하셨다. 우리에게는 저주와 형벌에서 자유하게 하셨다. 하나님은 우울증을 통해서 우리가 저지른 죄를 깨닫게 하거나 보다 경건한 삶을 살도록 주의를 시키기도 하시지만, 이것을 죄에 대한 형벌과 혼돈해서는 안된다. 하나님은 자기 자녀를 징계하기는 하시지만 처벌하지는 않으신다.

하나님에 대한 믿음의 부족이 우울증을 야기한다

하나님은 사랑과 용서의 하나님이시다. 많은 우울증이 신앙 문제와 결부된 것은 아니다. 우리가 우울할 때마다 그것이 약한 신앙의 징조라고 말할 수는 없다.

우울증은 하나님이 당신으로부터 얼굴을 돌이키신 것이다

우울증은 하나님이 우리에게 등을 돌리심으로 야기되는 것이 아니라 오히려 우리가 그에게 등을 돌림으로 야기되는 것이다. 하나님은 결코 우리를 떠나지도 버리시지도 않는다. 버림받음에 대한 느낌은 하나님의 이미지를 왜곡하는 인지적 오류로 말미암은 것이다.

그리스도인은 결코 우울해서는 안 된다

구약과 신약시대의 많은 성도가 우울증을 경험하였다. 우울증을 통해 우리는 더 성화될 수 있고 더 성숙할 수도 있다.

우울한 그리스도인은 어휘상 모순이다

그리스도인도 얼마든지 우울증에 걸릴 수 있다. 우울증과 영적 상태를 비례적으로 생각하는 것은 생리적, 심리적, 환경적 요인의 매우 복잡한 특성을 지닌 우울증에 대한 오해로 말미암은 것이라 할 수 있다.

목회자나 성도들 중에는 우울증에 대해 잘못 이해하여 신앙인이 어떻게 우울증에 빠질 수 있느냐고 정죄하는 이들이 종종 있다. 심방할 때에 은연중에 이런 뉘앙스를 풍기며 접근하는 이들이 있는데, 이와 같은 접근은 이미 우울증 증상으로 인해 부적절한 죄책감을 느끼는 환자에게 병세를 더 악화시키는 결과를 가져올 수 있다.

우울증은 기독교인에게도 비기독교인과 다를 바 없이 발병하는 인류 보편적인 심리적 질병으로 이에 대해 편견을 갖지 말아야 한다. 올바른 신앙인이라면 우울증에 걸릴 수 없다는 생각은 성경적이라기보다 기복주의적 신앙관이나 균형을 잃은 잘못된 성경해석에 근거한 것이라 할 수 있다(김진, 1997).

우울증에 걸린 사람이 그것을 치료하기에 앞서 해야 할 일은 먼저 자신이 우울증에 걸렸다는 사실을 인정하는 것이다. 많은 그리스도인은 그들의 우울증을 부인하므로 말미암아 더욱 문제를 악화시킨다. "뭔가 내가 잘못했기 때문에 이러한 우울증이 내게 주어진 거야." 우울증 위에 죄책감을 덧붙여 문제를 이중으로 어렵게 만든다. 성경에 나오는 이야기 가운데 가장 위대한 영적 승리를 체험하고서도 실망감에 사로잡혀 매우 깊은 우울증을 경험한 이들이 있지 않은가. 우울증에 걸린 것이 반드시 영적으로 잘못됐다는 증거가 될 수는 없다.

그리스도인들도 우울해질 수 있다

당신은 최근에 다윗의 시편을 읽어본 경험이 있는가? '내 하나님이여 내 영혼이 내 속에서 낙망이 되므로'(시 42:6), '네가 어찌하여 낙망하며 어찌하여 내 속에서 불안하여 하는고. 너는 하나님을 바라라. 나는 내 얼굴을 도우시는 내 하나님을 오히려 찬송하리로다.'(시 43:5)

혹은 엘리야 선지자가 한 말을 들어보지 않았는가? '여호와여 내 생명을 취하옵소서'(왕상 19:4) 혹은 요나 선지자가 한 말을 들어보지 않았는가? '사는 것보다 죽는 것이 내게 나음이니이다'(욘 4:3) 혹은 겟세마네 동산에서 예수님이 기도하실 때 고통 가운데 하신 말씀을 들어본

적이 있는가? '내 마음이 심히 고민하여 죽게 되었으니' (마 26:38).

누구나 감기에 걸릴 수 있는 것처럼, 그리스도인도 물론 우울증에 걸릴 수 있다. 인간의 정서는 기독교인이나 비기독교인에게 상관없이 동일한 인간 내면의 현상이다. 따라서 우울한 기분은 모든 사람에게 느껴지는 감정이며 우울증 역시 기독교인에게 예외일 수는 없다. 성경에는 우울에 관한 수많은 실례가 있다. 어떤 경우는 원인이 다른 사람들의 행동과 같이 외부적인 것들이며, 어떤 경우는 죄책감과 수치심같이 내부적인 요인이었다.

다윗은 시편 38:1-8에서 죄책감과 연관된 매우 심각한 우울증적 심정을 토로하고 있다.

여호와여 주의 노로 나를 책하지 마시고 분노로 나를 징계치 마소서
주의 살이 나를 찌르고 주의 손이 나를 심히 누르시나이다
주의 진노로 인하여 내 살에 성한 곳이 없사오며
나의 죄로 인하여 내 뼈에 평안함이 없나이다
내 죄악이 내 머리에 넘쳐서 무거운 짐 같으니 감당할 수 없나이다
내 상처가 썩어 악취가 나오니 나의 우매한 연고로소이다
내가 아프고 심히 구부러졌으니 종일토록 슬픈 중에 다니나이다
내 허리에 열기가 가득하고 내 살에 성한 곳이 없나이다
내가 피곤하고 심히 상했으니 마음이 불안하여 신음하나이다

-시편 38:1-8

시편 기자의 묘사에서 우울증에 빠져있는 사람과 비슷한 극도의 절망과 비탄, 고통스런 생각과 염세주의적 사고방식, 불안과 두려움, 삶의 소망에 대한 단절, 식욕감퇴와 불면, 인간관계를 단절한 고립된 모습은 현대의 우울증적 특징과 너무나 흡사하다(한재희, 2007).

엘리야는 이세벨의 협박으로 인해(열상 19: 1-4), 욥은 자녀와 가축을 잃은 상실감으로 인해(욥 1:13-19; 3:1-3), 요나는 자기의 기대가 좌절된 분노로 인해(요나 2:0-3:3), 예레미야는 사람의 거절로 인해(렘 15:10) 우울감에 빠졌다. 시편 기자는 여러 곳에서 우울증의 정서적, 인지적, 행동적, 신체적 특징을 잘 묘사하고 있다(시 38:1-8, 102:3-7).

이러한 성경 속 인물 외에 기독교 역사에서 믿음의 용사로 여겨지는 선배들 가운데서도 우울증으로 고통 받았던 인물들은 얼마든지 볼 수 있다. 종교개혁자 마틴 루터나 19세기 부흥운동을 일으켰던 찰스 스펄젼은 대표적인 예이다. 루터는 주기적으로 찾아오는 심한 양극성 장애로 인하여 끊임없이 심리적 고통과 씨름하였으며 스펄젼은 중증 우울증으로 일년에 두세 달씩이나 강단을 비워야 했던 것으로 알려져 있다.

목회자 안도현(2003)은 목회자와 목사 사모가 특히 우울증에 취약하다고 말하고 있다. 목회자의 한계가 없는 일과는 목회자들을 탈진하게 하고 탈진은 우울증으로 이어지기가 쉽다. 완벽주의적이고 성취욕이 강한 목회자, 그리고 목회에 대하여 헌신적인 목회자일수록 위험성을 안고 있다. 목회자 아내가 겪는 스트레스는 어떤 의미에서 목회자의 스트레스보다 더 심각하고 복잡하다. 한국교회의 사모는 전통적으로 내

려오는 사모에 대한 기대와, 빠르게 변화하는 사회 속에서 스스로 갖는 기대, 남편이 요구하는 기대, 그리고 각 교회가 요구하는 기대 사이에서 적응하지 못하고 갈등을 겪는 경우가 많다(이관직, 2005, p.174). 이 외에도 사모는 교인들의 비난의 대상이 되고, 경제적 어려움, 예측할 수 없는 시간, 불행한 결혼생활, 불분명한 소명의식, 과다한 스트레스, 지원 시스템의 부족 때문에 우울증에 걸리기가 쉽다.

유교의 영향으로 체면과 수치심에 민감하고, 수직적 구조의 인간관계와 한, 화병에 익숙해져 있는 한국인들에게 우울증은 매우 익숙한 증상이라 할 수 있다. 따라서 이런 사람들이 모인 교회 역시 우울증의 면역지대가 아니다. 실제로 많은 교인들이 우울한 감정을 가지고 신앙생활을 하고 있다. 안도현 목사(2003)에 의하면, "신앙생활을 하는 중 우울한 느낌을 가질 때가 있었습니까?"라는 물음에 대해 응답자 86%가 그렇다고 대답했다고 한다.

우울증과 기독교신앙은 어떤 관계가 있는가? 기독교인도 우울증을 앓을 수 있으며 자살할 수 있는가? 대답은 '그렇다' 이다. 이은주, 정다빈, 안재환, 최진실, 최진영 등 최근에 연이어 자살한 연예인들 가운데 기독교인들이 있었기 때문이다. 이들의 자살은 다음과 같은 질문을 불러일으켰다. 기독교신앙으로 우울증을 극복할 수 없는가? 우울증이 과연 신앙을 압도할 수 있는가? 그리고 신앙과 우울증에서 어느 것이 우위성을 차지하는가?

그것은 한 마디로 우울증에 압도되는 상황에서는 신앙이 무력화되는가의 문제다. 따라서 우리는 우울증과 그 증상의 상태를 먼저 이해하여야 한다(김충렬, 2010). 우울증 상태에서는 순간적으로 신앙의 위력이 무력화되어 자살하는 경우가 얼마든지 있기 때문이다.

지금은 우울증의 시대

우리는 우울증의 시대를 살고 있다. 20세기 전반이 불안의 시대였다면, 현재 우리는 혼돈과 불안 그리고 우울의 시대를 살고 있다. 우리 시대는 통제 불가능성과 무력감의 시대다. "우울증은 무력감, 개인적인 실패감, 그리고 힘을 쟁취하려는 노력이 수포로 돌아간 결과로 생성되는 감정이다"(Seligman, p.167). 우리 시대의 지배적인 감정은 우울증과 슬픔이다.

전문가들은 우울증을 비롯한 정신질환, 이혼과 가출 등 가정해체, 경제문제, 직장의 노동 강도와 경쟁 심화 같은 급격한 사회변화를 원인으로 꼽고 있다. 우리나라가 교통사고 예방에 쏟는 노력에 비하면 자살은 방치되어 있는 것이나 다름없다. 불행한 사람들이 늘어가고 있다는 증거는 사방에서 나타나고 있다. 전에 비하면 더 풍요로워졌는데, 더 권태에 빠지고 알코올(가장 흔히 찾는 우울증 자가 치료제) 소비량이 계속 늘어나고 있으며 불행지수는 올라가고 있다(불행지수란 우울증 환자 발생율과 자살률 등의 변수에 기초한다).

마음의 감기로 알려져 있는 우울증은 지난 3천년 이상 아주 흔한 문제로 인식되어 왔다. 우울증은 남녀노소, 빈부를 막론하고 모든 이에게 영향을 미친다. 이는 모든 연령층의 사람들에게 영향을 미치는 범세계적인 현상이다(약 1억 명 이상이 임상적 우울증세를 보이고 있다). 우울증은 특히 십대와 성인 초기의 연령층에서 증가추세에 있는 것으로 보이며, 미국에만 5천만 명의 삶을 혼란스럽게 하고 있는 것으로 집계되고 있다. 긍정심리학의 아버지 셀리그만은 "20세기의 후반에 태어난 사람들이 전반에 태어난 사람들보다 우울증에 걸릴 확률이 10배나 더 높다"고 보고 있다.

우리나라의 우울증 실태: 우울증이 증가하고 있다

평생 우리나라에서 우울증을 앓은 적이 있는 인구는 271만명에 달한다. 최근 1년 사이엔 130만 명이 우울증을 경험했다. 성인 10만8000명은 자살을 시도했다.

전국 성인남녀 6022명을 대상으로 '2011년 정신 질환 실태 역학 조사'를 실시한 결과 16%가 최근 1년간 정신질환을 경험했다고 보건복지부가 밝혔다. 우리나라 성인(18세 이상) 577만 명이 최근 1년 사이 우울증 등 20여개 정신질환을 앓았다. 성인 6명 가운데 1명꼴이다(조선일보, 2012.2.16).

우리나라의 경우, 주요우울증의 평생 발병률이 남자가 10%, 여자가 23%이며, 연령적으로는 20대와 50대가 가장 많다(민성길, 1999). 또 다른 연구에 의하면, 한국인의 25%가 우울증을 앓고 있는 것으로 소개되고 있다. 또한 여성의 경우 출산 후 50~80%가 가벼운 우울증상을 보인다. 그리고 정신과 입원환자의 약 75%가 우울증상을 가지고 있다(이병주, 2009).

서울대병원에서 2009년 7월부터 약1년 간 실시한 대기업 임원의 건강검진 결과, 500여명 가운데 약 13%에 해당하는 65명이 우울증을 앓고 있는 것으로 나타났다. 샐러리맨으로 출발해 대기업 임원자리에 오르면서 조직 논리에 순응하며 희생을 미덕으로 삼느라 자기를 위한 투자에 소홀해 자존심을 지키지 못한 것이다(정현태, p. 98).

우리나라의 경우, 2010년 현재 우울증 유병자가 314만명이나 되는 것으로 집계되었다(조선일보, 2012. 3.20). 40% 이상이 우울증을 앓고 있다는 것이다(우울증은 당뇨병과 같아서 본인은 병식이 없는 가운데 우울증을 앓을 수 있다).

IMF이후 경제적인 사유로 이혼하는 사람과 우울증을 앓는 이들이 계속 늘어가고 있는 것은 한편으로 이해가 가지만, 경제적으로 여유 있는 이들의 우울증과 자살률도 꾸준히 증가하고 있다. 앞서 일부 언급한 바와 같이 이은주, 유니, 정다빈, 안재환, 최진실, 최진영, 장자연 등 연예인의 자살이 화제가 되고 있으며, 이건희 삼성회장의 막내딸 이윤형의 자살도 세인의 관심을 모았다. 2009년 6월에는 노무현 전 대통령까지 자살하여 온 나라가 충격에 휩싸이기도 했다. 2010년에는 '행복전도사' 로 알려진 최윤희씨가 남편과 함께 자살함으로 우리 모두에게 당혹감을 안겨주었다.

우울한 사람들은 탈출하고 싶어 하고 그들을 괴롭히고 있는 모든 것으로부터 벗어나기를 희망하며, 심지어는 삶을 새로이 시작할 수 있기를 고대하기도 한다. 우울로 시름하는 사람들의 경우, 인생이 너무나 비참해서 죽음을 통해 어느 정도의 안도감을 경험할 수 있다고 믿을 수 있다. 많은 사람들이 침묵의 절망 속에서 살아가고 있다.

- 우울증에 걸렸을 때, 절벽 밑바닥에 있는 것과 같은 느낌을 갖는 것은 아주 흔한 일이다(다섯 명에 한명 꼴로 이런 경험을 한다).
- 이것은 당신의 '잘못' 이 아니다. 따라서 죄책감을 느낄 필요는 없다.
- 다른 사람들이 뭐라 말하든지 간에, 우울증은 단숨에 떨쳐 버릴 수 있는 것이 아니다.

왜 자살하는가 ?

우울증과 관련하여 주목해야 할 문제는 자살이다. 자살은 전 세계적으로 10대 사망원인의 하나이며 매일 약 1,000명, 매년 약 50만 명이 자살로 사망한다. 우리나라는 현재 하루 43명꼴로 자살하고 있다는 통계다. 신체적 질병으로 인한 사망자를 제외하면, 교통사고 다음으로 자살에 의한 사망자가 많다.

자살자의 약 70%는 남자로서 여자보다 2~3배 정도가 많다. 일반적으로 자살기도자는 자살자의 8~10배에 달한다는 것으로 추정되는데, 자살기도자는 여자가 남자보다 4배나 많다. 자살기도자는 여자가 많지만, 자살로 인한 남자의 사망률이 높은 이유는 남자가 총기, 목맴, 투신과 같은 더 치명적인 방법으로 자살을 기도하기 때문이다.

자살하는 사람들은 의식의 단절을 통해 참을 수 없는 심리적 고통이나 압력으로부터 벗어나기 위하여 도피수단으로 자살을 선택하게 된다. 자살을 유발하는 가장 중요한 심리적 요인은 절망감hopelessness으로 알려져 있다(권석만, 2003). 현재의 고통스러운 상황은 해결될 수 없으며 앞으로 더 악화될 것이라는 미래에 대한 비관적 예상을 하는 것이다. 삶의 의미를 상실했고 밥맛이 없고 삶의 의욕도 없으며 자신이 무가치하게 느껴지고 미래가 암담하게 느껴지고 불행감을 더 이상 견딜 수 없어 절망의 나락에서 자살을 선택하는 것이다.

우리나라가 OECD국가 중 자살률이 가장 높다고 하지만 다른 선진국의 자살률도 꾸준히 높아지고 있다. 2007년 말 현재 우리나라 20대 청년의 사망원인 1위는 자살로 밝혀졌다. 연간 1557명이 스스로 목숨을 끊는데, 교통사고로 죽는 사람의 두 배가 넘는다는 통계청의 발표가 있었다(중앙일보, 2009. 5.5).

2010년 8월 중앙일보는 한국심리학회와의 공동조사 결과를 발표하면서, 한국인의 행복지수를 62점으로 보고했다. 한국의 경제규모는 세계 10위권인데, 행복성적표는 50위권 이라고 보도했다. 2012년 4월에 발표된 유엔 행복 보고서를 보면 조사 대상 150개국 중 한국인의 행복도는 56위에 불과하다. 세계 178개 나라 가운데서는 102위를 기록하고 있다.

지난해 전국 정신질환 실태조사 결과 국민의 27.6%가 평생 한 번 이상 정신질환을 경험했다고 한다. 이 중에 한 번이라도 치료나 상담을 받은 경우는 15%에 불과하다. 치료받지 못한 사람에게 그 이유를 물어본 결과 80% 정도가 본인은 그런 문제가 있다는 사실을 인식하지 못했다(동아일보, 2012. 7.9). 정신건강에 대한 무관심과 인식부족이 얼마나 심각한지를 보여주는 대목이다.

우리나라의 정신건강 상태는 방치할 수 없는 위기 상황으로 치닫고 있다. 드디어 정부에서는 전 국민을 대상으로 2013년부터 정신건강 검진을 실시하겠다고 발표하였다. 국민건강보험공단이 설문을 우편으로 발송해 스스로 건강검진을 받아봄으로써 스스로의 마음 상태를 한 번 돌아보고 정신건강에 대한 이해와 노력을 높이기로 한 것이다. 우울증은 당뇨병과 같이 병식이 없이 찾아올 수 있는 질환이다. 본인은 우울증에 걸렸는지 모르면서 우울증을 앓을 수 있다는 말이다.

이런 시대상황 때문인지, 2006년 말에 나온 조엘 오스틴의 『긍정의 힘』이 계속 베스트셀러 목록에 올라 있다. 긍정심리학과 행복을 주제로 하는 책들이 쏟아져 나오고 있다. 어떻게 하면 우울감을 극복하고 기쁨과 만족과 감사가 넘치는 웰빙의 삶을 살 수 있는가? 신앙의 유무를 떠나 우울증은 우리 모두의 관심사가 되고 있다

Ⅱ
우울증은 무엇인가?

우울증은 인류가 앓고 있는 최악의 비육체적인 고통이다. 우울증 환자는 대체로 슬픔의 상태에 빠져 있는데, 이러한 슬픔은 변함이 없고 지속적이며, 환자가 처해 있는 상황과 상관이 없다. 때로는 기쁨의 상황에서 슬픔이 더 커지기도 한다. 평소 애착을 가지고 해온 활동들에 대해서도 관심이 없어지고, 무엇을 해도 기쁨을 느끼지 못하며, 어떤 것에도 흥미를 느끼지 못한다.

정동장애라고도 불리는 우울증은 감정을 상실하는 전형적인 특징이 있다. 환자는 더 이상 아무런 감정도 느끼지 못한다고 말한다. 유쾌함도 불쾌함도 더 이상 느끼지 못하고, 자신이 사람과 사건에 대해 무관심하다고만 느낄 뿐이다(아르디-바일레, 2009).

심리학적으로 '기분mood'이란 정동affect과 정서emotion가 좀 더 지속적으로 고착화되고 체화된 상태라고 볼 수 있다. 예를 들어 정서와 정동이 날씨에 비유된다면, 기분은 기후에 비유된다. 이런 점에서 임상적 우울증은 기분장애의 한 종류로 분류된다. 우울증은 부정적 정서가 기분으로 체화體化되어서 이성이나 의지로 통제하기 힘든 상태라고 볼 수 있다.

우리는 우울한 기분과 우울증을 구분할 수 있어야 한다. 우리는 가까운 사람이 죽거나 이혼을 하거나, 실패나 좌절을 경험하면 일상적 수준 이상으로 기분이 저하되고 슬픔을 느낀다. 슬픔sadness이란 애도, 낙담, 불행감으로 특징지어지는 감정상태이며, 귀하게 여기는 사람, 대상 또는 가치의 상실과 관련된 기가 꺾인 기분이다. 슬픔과 외로움과 권태 사이에는 긴밀한 관계가 있다. 슬픔은 상실과 실망을 나타내는 상황에 대한 건강한 반응이다. 이는 애도(grief)와 긴밀하게 연관돼 있다. 사람은 자신이 소중하게 여기는 사람이나 건강, 직업, 몸의 일부 기능, 대상, 이상, 사회적 역할, 관계나 기회를 상실하면 이를 슬퍼한다mourn 이때 사람은 빈곤감과 공허감을 느끼지만, 우울한 정도가 가볍고 지속시간이 짧으며 개인의 기능에 미치는 영향이 적다. 기분전환을 하거나 시간이 지나면 정상수준으로 좋아지게 된다.

그러나 우울증은 우울한 기분이나 슬픔과는 다르다. 우울증은 정상 반응이 아니라 치료하지 않으면 몇 달, 몇 년이라도 지속되고, 스스로 극복이 어려우며, 최악의 경우 자살에 이르게 될 정도로 심한 우울이 지속된다. 우울증은 긍정적인 감정의 결여가 주된 특징인 증후군이다. 즐거움과 호기심, 만족과 열정이 결여된 상태, 다시 말해서 텅 빈 그릇 같은 상태다.

우울증은 슬픈 감정과 의욕상실, 흥미 및 활동수준의 저하, 사고력과 주의집중력의 감소, 수면 곤란, 초조와 피로감, 죽음에 대한 반복된 생각 등을 주요 특징으로 하는 정신장애이다(APA, 1994). 우울증은 과도한 슬픔이라기보다 즐거움이 결핍된 심리상태다. 우울증 환자가 슬픈 영화를 볼 때는 정상적인 사람과 동일한 반응을 보인다. 그러나 코미디 영화를 볼 때는 반응이 전혀 다르다. 우울증 환자는 정상인보다 즐거움을 훨씬 적게 느낄 뿐 아니라 오히려 슬픔을 느끼기도 한다. 좋은 일도 즐겁게 느끼지 못하는 게 문제가 되는 것이다. 그래서 우울증의 진단기준은 우울한 기분, 흥미나 쾌락의 상실 등이다(최현석, 2011, p.158).

우울증의 증상과 징후

삶은 생각(신념, 심상, 기억), 감정, 행동, 신체반응, 환경(과거 및 현재)의 영역으로 이뤄져 있다. 우울증의 징후는 사고, 감정, 행동, 신체적 건강의 영역에 두루 나타난다. 우울증은 인격전체에 영향을 미쳐 사람자체를 망가뜨린다. 그래서 전문가들은 불안장애와 스트레스 장애처럼, 우울증을 생리심리사회영적biopsychosociospiritual장애로 본다. 대부분의 우울증은 생리적 요인과 심리적 요인 간의 상호작용으로 이해할 수 있다.

우울증 환자의 보다 전형적인 특징은 감정의 상실이다. 환자는 더 이상 아무런 감정도 느끼지 못한다고 말한다. 유쾌함도 불쾌함도 더 이상 느끼지 못하고, 자신이 사람과 사건에 대해 무관심하다고만 느낄 뿐이다.

전형적인 우울증 증상에는 식욕상실, 주변이나 활동에 대한 흥미 상실, 무기력감, 자기비판과 자기정죄, 감당할 수 없는 무가치감 등이 포함된다. 죽고 싶다고 호소하는 사람들도 많다. 한 여성은 최근 내게 "저는 잠자는 동안에 절 데려가 달라고 하나님께 기도합니다."라고 말했다. 이와 같이 우울증은 증상인 동시에 반응이기도 하다. 우울증은 뭔가 주의를 요한다는 경고 신호일 수도 있다(하트, 2005).

우울증depression은 기분장애다. 우울증은 모든 감정 중에서 가장 복잡한 감정이다. 기분이란 오랜 기간 또는 특정 기간 지속되는 주관적 느낌의 흐름으로서, 정신건강 전문가들은 우울증을 영혼의 감기, "정신병리의 감기common cold of psychopathology" 또는 "마음의 감기"라 부른다. 우울증은 현대인이 앓고 있는 가장 흔한 종류의 병리적 증상이다. 현대인의 약 20%가 생애 한 번 우울증에 영향을 받는다고 한다.

우울증은 기분장애mood disorder에 속하는 것으로 우울하고 슬픈 기분이 주된 증상인 장애로서 이밖에도 일상생활에 대한 의욕과 즐거움이 감퇴하고, 체중이 현저하게 감소(때로는 증가)하며, 불면증(때로는 과다수면증)이 나타나고, 거의 매일 안절부절하지 못하는 행동이나 느린 행동을 보이며, 피로나 활력이 감소하며, 무가치감과 죄책감에 시달리며, 주의집중력과 판단력이 저하되고, 죽음이나 자살에 대한 사고가 증가하는 증상이 나타난다. 이러한 증상 중 몇 가지가 2주 이상 현저하게 나타나면 주요우울 장애major depressive disorder로 진단된다.

증상인 동시에 반응인 우울증

우울증은 증상인 동시에 반응이다. 증상으로서의 우울증은 뭔가 주의를 요한다는 경고 신호일 수 있다. 이때의 우울증은 보존하는 기능을 수행한다. 우리로 하여금 속도를 늦추고 상황에서 벗어나 고쳐야 할 필요가 있는 부분에 주의를 기울이게 해 준다. 하고 있던 일에 흥미를 잃고 사회적 접촉을 끊으며, 삶에서 물러나고 싶어질 수도 있다. 이러한 증상은 치유받기 쉬운 환경을 만들어낸다. 그런 우울감이 없다면 우리는 스스로를 파괴할 것이다.

우울증은 삶에서 겪은 경험에 대한 반응이기도 한데, 이런 경우에는 종종 반응성 우울증으로 불린다. 상실에 대한 반응으로서의 우울증은 상실에 대해 애도하고 나면 자연스럽게 사라진다(Hart, 2005).

우울증은 또한 여러 가지 감염을 동반하는 증상일 수도 있다. 종종 독감이나 더 심각한 질병이 함께 나타나기도 한다. 이러한 증상이 나타날 때 저지르기 쉬운 가장 큰 실수는 그런 증상을 무시하는 것이다. 우울증은 치유가 일어날 수 있도록 정상적인 활동에서 벗어나게 해주는 협력자다. 우울증은 신체적 질병에 대한 증상이지만 치우 과정의 일부분이기도 하다.

우울증은 신체질환이나 사망률이 증가하는 원인이 되기도 한다. 우울증 환자는 심근경색에 걸릴 위험이 일반인의 5배나 된다. 고혈압과 우울증 사이에는 유의미한 연관성이 있다.

시간을 초월한 보편적 문제, 우울증

기계문명이 급속히 발달하고 사회 속의 인간관계가 점점 복잡해짐에 따라 이에 대응해야 하는 인간의 정신적 부담이 날로 가중되었다. 이로 인해 야기된 우울증은 이제 전 연령층에 걸쳐 광범위하게 확산되어, 더 이상 방관할 수 없는 현대인의 가장 일반적인 정신, 정서장애 중 하나가 되고 있다. 현대를 살아가는 어느 누구라도 쉽게 우울증의 늪에 빠져들 수 있다. 우울증에서 자유롭다고 주장할 수 있는 사람은 아무도 없다.

세계보건기구(WHO)의 전문위원회는 우울증의 발병 확률을 전 세계 인구의 3%라고 계산하고 있다. 이것은 실제 숫자로 1억 명 이상이라는 놀랄만한 수치이고, 4천만 명 가운데 120만 명이 우울증에 걸려 있다는 말이 된다(쇼스케, 2007).

WHO의 연구결과에 의하면, 2020년에는 전 세계적으로 우울증이 심장병에 이어 두 번째 주요 사망원인이 될 것으로 전망하고 있다. 국내에서도 이미 15세 이상의 성인 9명 중 1명이 경증 이상의 우울증을 앓고 있다는 연구결과가 나온 바 있다(조선일보, 1999. 5. 9). 주요우울장애의 발생빈도를 보면, 여성이 10~20%이고 남성은 여성의 절반 정도 수준으로 나타나고 있다(최의헌, 2008). 호주 심리학자 리치필드(Litchfield, 2001)는 우울증은 오늘 날 첫째가는 정서적 질병으로 여자의 40%, 남자의 20%가 일생에 한 번 우울증으로 고통 받고 있는 실정이라고 보고했다. 정신과 전문의들은 매년 한국인의 약 7%인 314만 명이 업무, 학업, 가사 등에 지장을 받을 정도의 우울증을 경험한다고 추산한다(조선일보, 2010. 12.8.).

혹시 나도 우울증이 아닐까?

〈우울증 자가진단 테스트〉

자신의 우울증 정도를 알아보려면 다음의 널리 이용되는 우울증 자가진단 테스트에 참여해보라. 이 우울증 평가도구는 미국 국립정신건강협회가 개발했다. 다음을 읽고 지난 한 주간의 내 기분을 가장 잘 설명해주는 답에 표를 하라.

---

1. 보통 때는 별로 신경 쓰지 않는 일들 때문에 불편했다

0 거의 또는 전혀 (하루도 안 됨)

1. 약간 (1~일)

2. 이따금, 또는 보통 정도로 (3~4일)

3. 대부분의 시간, 또는 매일 (5~7일)

2. 식욕이 부실하여 뭘 먹고 싶은 생각이 없었다

0 거의 또는 전혀 (하루도 안 됨)

1. 약간 (1~2일)

2. 이따금, 또는 보통 정도로 (3~4일)

3. 대부분의 시간, 또는 매일 (5~7일)

3. 가족과 친구의 도움에도 우울한 기분을 털어버릴 수 없었다

0 거의 또는 전혀 (하루도 안 됨)

1. 약간 (1~2일)

2. 이따금, 또는 보통 정도로 (3~4일)

3. 대부분의 시간, 또는 매일 (5~7일)

4. 자신이 남들보다 못한 존재라는 기분이 들었다

0 거의 또는 전혀 (하루도 안 됨)

1. 약간 (1 – 2일)

2. 이따금, 또는 보통 정도로 (3~4일)

3. 대부분의 시간, 또는 매일 (5~7일)

5. 하는 일에 정신을 집중하기가 어려웠다

0 거의 또는 전혀 (하루도 안 됨)

1. 약간 (1~2일)

2. 이따금, 또는 보통 정도로 (3~4일)

3. 대부분의 시간, 또는 매일 (5~7일)

6. 기분이 우울했다

0 거의 또는 전혀 (하루도 안 됨)

1. 약간 (1~2일)

2. 이따금, 또는 보통 정도로 (3~4일)

3. 대부분의 시간, 또는 매일 (5~7일)

7. 하는 일마다 힘겹게 느껴졌다

0 거의 또는 전혀 (하루도 안 됨)

1. 약간 (1~2일)

2. 이따금, 또는 보통 정도로 (3~4일)

3. 대부분의 시간, 또는 매일 (5~7일)

8. 미래가 절망적이라고 느꼈다

0 거의 또는 전혀 (하루도 안 됨)

1. 약간 (1 – 2일)

2. 이따금, 또는 보통 정도로 (3~일)

3. 대부분의 시간, 또는 매일 (5~7일)

9. 내 인생이 실패작이라고 생각했다

0 거의 또는 전혀 (하루도 안 됨)

1. 약간 (1~2일)

2. 이따금, 또는 보통 정도로 (3~4일)

3. 대부분의 시간, 또는 매일 (5~7일)

10. 두려웠다

0 거의 또는 전혀 (하루도 안 됨)

1. 약간 (1~2일)

2. 이따금, 또는 보통 정도로 (3~4일)

3. 대부분의 시간, 또는 매일 (5~7일)

11. 잠을 잘 이루지 못했다

0 거의 또는 전혀 (하루도 안 됨)

1. 약간 (1~2일)

2. 이따금, 또는 보통 정도로 (3~4일)

3. 대부분의 시간, 또는 매일 (5~7일)

12. 불행했다

0 거의 또는 전혀 (하루도 안 됨)

1. 약간 (1~2일)

2. 이따금, 또는 보통 정도로 (3~4일)

3. 대부분의 시간, 또는 매일 (5~7일)

13. 평소보다 말 수가 적었다

0 거의 또는 전혀 (하루도 안 됨)

1. 약간 (1~2일)

2. 이따금, 또는 보통 정도로 (3~4일)

3. 대부분의 시간, 또는 매일 (5~7일)

14. 외로웠다

0 거의 또는 전혀 (하루도 안 됨)

1. 약간 (1~2일)

2. 이따금, 또는 보통 정도로 (3~4일)

3. 대부분의 시간, 또는 매일 (5~7일)

15. 사람들이 불친절했다

0 거의 또는 전혀 (하루도 안 됨)

1. 약간 (1~2일)

2. 이따금, 또는 보통 정도로 (3~4일)

3. 대부분의 시간, 또는 매일 (5~7일)

16. 인생을 즐기지 못했다

0 거의 또는 전혀 (하루도 안 됨)

1. 약간 (1~2일)

2. 이따금, 또는 보통 정도로 (3~4일)

3. 대부분의 시간, 또는 매일 (5~7일)

17. 발작적으로 울음을 터뜨렸다

0 거의 또는 전혀 (하루도 안 됨)

1. 약간 (1~2일)

2. 이따금, 또는 보통 정도로 (3~4일)

3. 대부분의 시간, 또는 매일 (5~7일)

18. 마음이 슬펐다

0 거의 또는 전혀 (하루도 안 됨)

1. 약간 (1~2일)

2. 이따금, 또는 보통 정도로 (3~4일)

3. 대부분의 시간, 또는 매일 (5~7일)

19. 사람들이 나를 싫어한다고 느꼈다

0 거의 또는 전혀 (하루도 안 됨)

1. 약간 (1~2일)

2. 이따금, 또는 보통 정도로 (3~4일)

3. 대부분의 시간, 또는 매일 (5~7일)

20. 일을 진척시킬 수가 없었다

0 거의 또는 전혀 (하루도 안 됨)

1. 약간 (1~2일)

2. 이따금, 또는 보통 정도로 (3~4일)

3. 대부분의 시간, 또는 매일 (5~7일)

나는 어느 정도 우울증인가?

이 시험은 채점이 쉽다. 위의 설문은 우울증의 증상들을 모아놓은 것에 불과하다. 해당되는 증상이 많을수록 우울증 확률이 높은 것이다. 표시를 한 수치를 합산하라. 결정이 힘들어 한 문제에 대해 2개의 숫자에 표시를 하였다면, 그중에서 더 높은 수치만 계산하라. 점수는 0~60점 사이가 될 것이다.

점수의 의미. 0~9점은 비우울증 범위에 있으며, 성인들의 평균을 밑도는 수치다. 10~15는 경미한 수준, 16~24점은 보통 수준이며, 만약 24점이 넘어가면 아마 심각한 수준일 것이다.

인격 전체에 영향을 미치는 우울증

우울증은 심각성이나 빈도, 지속성, 그리고 원인에 있어서 서로 다른 광범위한 형태를 보여주고 있다. 우울증이 오면 그 사람의 인격과 일상 전체가 우울증의 영향에서 자유로울 수 없다. 생각과 느낌, 행동, 건강 모두에 우울증의 그늘이 드리우게 된다. 우울증의 증상은 정서적, 인지적, 행동적, 신체적 특징으로 나타난다. 이러한 징후는 우울증이 나타나지 않을 때 개인이 경험하거나 보여주고 있는 모습과는 다르게 나타난다.

– 첫째, 사람이 우울할 때의 사고방식은 그렇지 않을 때와 다르다. 우울한 사람들은 자주 부정적인 생각을 한다. 우울할 때 인간은 자기 자신, 세상 그리고 미래를 어두운 색깔로 채색한다. 그들은 마음속에서 자신의 무능함과 가치 없음을 끊임없이 되새긴다. 많은 경우 집중의 어려움과 기억력의 문제, 염세주의, 죄책감, 자기비판, 자기비난, 때로는 자기 파괴적 사고를 경험한다.

"나는 가치가 없다. 내 미래는 암담하다. 세상은 너무 이기적이고 적대적이어서 살아가기가 너무 힘들다" 등 부정적 사고가 특징으로 나타난다.

대부분의 우울한 생각의 중심에는 바로 비관적인 설명방식이 자리한다. 그는 자신의 비극과 실패의 원인을 영구적이고 전면적이며 개인적인 것으로 바라본다(앞으로도 계속 이런 식일거야. 이건 내가 하는 모든 일을 망쳐놓을 거야. 바로 내가 문제야). 반면 좋은 일들의 원인은 그와 정반대로 생각한다.

–두 번째 그룹의 증상은 부정적인 기분의 변화다. 우울할 때는 슬프고 의기소침하고 절망의 진창에서 허우적대는 기분이다. 삶에서 열정의 수액이 빠져나가고 전에는 즐거웠던 활동들이 시시해진다. 낮은 자존감으로 인한 자기비판과 죄책감, 수치심, 무가치감, 무력감, 비관과 절망감, 과민성이 자주 동반되기에 참을성 없이 더욱 조급해지고 침착성을 상실하는 경향이 있다.

우울증이라는 검은 색안경

우울증을 일종의 정신적 필터의 형태로 표현할 수 있다. 즉, 부정적 상황을 이 필터에 거르면, 그 전체적 상황과 경험에 덧칠이 된다. 우울증은 마치 검은색 안경과도 같아서, 이 색안경만 쓰면 긍정적 사고와 경험 모두가 부정적이고 어둡게만 보인다. 긍정적 상황은 잊어버리거나 생각조차 하지 않게 된다. 그 이유는 그러한 긍정적 상황에 특별한 의미를 부여하지 않기 때문이다(베르게 & 레폴, 2007).

울음은 슬픔의 한 신체 표현인데 우울증의 특징은 아니다. 우울한 사람들이 슬픈 영화를 보는 동안 더 많이 우는 것은 아니며, 오히려 우울증이 심할수록 적게 운다. 우울증 환자는 감정반응이 무디어져 있기 때문이다. 우울증이 있으면 지각기능이 떨어진다. 따라서 우울증 환자는 '모든 것이 검게 보인다. 모든 음식이 맛이 똑같고 맛이 없다. 소리가 멀게 들린다. 모든 것이 단조롭다. 뭘 해도 즐겁지가 않아요. 사는 게 이렇게 재미가 없는데 살아서 뭐 하겠어요?' 와 같은 말을 자주한다(최현석, 2011).

–세 번째 그룹의 증상은 행동과 관계가 있다. 바로 수동성, 우유부단,

자살이 주요 특징이다. 냉담함과 무기력이 공통적으로 나타나며 이로 인해 우울을 겪는 사람은 활력이 부족하여 동기화되거나 결정을 내리는 데 어려움을 겪는다. 또한 자발성의 상실과 사회적 고립, 그리고 끊임없는 불평도 일반적으로 나타나는 현상이다. 좀 더 극단적인 경우에는 자신의 외모나 위생에 대해 전혀 신경을 쓰지 않을 수도 있다. 업무 생산성이 떨어지고 가족의 일에 대한 책임도 소홀해진다. 우울한 사람들 상당수는 자살을 생각하고 실제로 시도한다.

- 우울증의 네 번째 그룹은 신체적인 것과 관련이 있다. 먼저 식욕이 없어진다. 먹을 수가 없다. 섹스도 할 수 없다. 심지어 수면도 지장을 받는다. 너무 일찍 잠에서 깨어 몸을 뒤척이고 다시 잠을 청하려 하지만 헛수고다. 일반적으로 많은 수면시간을 가짐에도 불구하고 일상적인 피로감이 나타난다. 우울증은 또한 에너지의 상실을 초래하며 따라서 업무, 성관계, 종교, 취미 등 기타 활동에서의 흥미부족, 불면증, 집중력 부족, 식욕상실, 때때로 통증과 고통에 대한 잦은 불평을 나타낸다.

  우울증 진단을 받기 위해서는 이상의 네 가지 그룹의 증상이 전부 나타나야 하는 것은 아니다. 그러나 증상이 많고 그 각각의 정도가 심할수록 우울증일 확률은 더 높아진다.

위에 설명한 대로 우울증이 오게 되면 생각thought과 기분mood, 행동behavior, 그리고 신체적 반응physical response이라는 네 가지 영역에 부정적 변화를 경험한다. 우울증에 걸리면 자신과 세상과 미래에 대해 부정적인 생각을 하게 된다. 다시 말해서 DSM-IV(정신장애진단 및 통계편람)에서는 다음 9가지 증상 중 5가지 이상이 2주 이상 나타나면 주요우울증이라 진단한다.

- 거의 하루 내내 우울한 상태
- 하루 내내 거의 모든 활동에서 흥미나 관심이 현저하게 감소한 상태
- 상당한 체중 감소 혹은 체중 증가 또는 거의 매일 식욕 감퇴 혹은 식욕 증가
- 불면증 혹은 수면 과다
- 근육활동의 항진 및 감소
- 피로감 증가 혹은 에너지의 감소
- 무가치감, 지나친 죄책감 혹은 부적절한 죄책감
- 생각하거나 집중할 수 있는 능력의 감소 혹은 결정하지 못함
- 반복적으로 죽음에 대해 생각하거나 자살을 꿈꾸는 상태 또는 자살의 시도

현대 의학이 관심을 갖는 것은 주로 주요우울장애major depressive disorder이다. 다음에 열거된 증상 중 몇 가지가 2주 이상 현저하게 나타나면 주요우울장애로 진단된다. 크리스천 상담학자 노먼 라이트(Wright, 1985)는 우울증의 증상적 특징을 다음과 같이 요약한 적이 있다. 자기 진단을 위해 다음의 진술을 검토해 보도록 하라.

- 무망감hopelessness, 절망, 슬픔, 그리고 무관심을 느낀다. 전체적으로 침울한 느낌을 경험한다.
- 사람이 우울증에 걸리면 시각과 관점이 흐려진다. 당신의 삶과 직업, 가족을 보는 시각이 흐려진다. 우울증은 인생의 어두운 면에 초점을

맞추는 카메라 필터와 같아서 주변 경관에서 즐거움과 따뜻함을 앗아간다. 우리 자신과 삶, 하나님에 대해 왜곡한다. 우울증은 삶 전체에 대해 부정적 사고 패턴을 만들어낸다.

- 우울한 사람은 신체적 활동 즉, 식생활, 수면, 성생활에 변화를 경험한다. 성적 관심이 줄어든다. 남자는 성적 기능이 저하되며 무가치감과 무능감을 느낀다. 어떤 이는 음식에 대한 관심을 상실하거나 과식함으로 증상을 나타내기도 한다. 항상 잠만 자기도 하고 전혀 잠을 자지 못하기도 한다. 사람이 우울해지면 갖가지 신체적 고통과 아픔이 나타난다.
- 자존감이 전체적으로 떨어진다. 자신에 대해 점점 더 부정적인 생각을 하고 자신의 가치를 의심하게 된다. 자신감이 매우 낮아진다.
- 근거 없는 거절에 대한 두려움 때문에 사람을 멀리한다. 불행하게도 우울증 환자의 행동은 타인의 거절을 불러올 수 있다. 우울한 사람은 좋아하는 활동을 취소하고 전화에 응답하지 않거나 타인과 대화를 기피한다. 우울증이 심할수록 그 사람 가까이 있는 게 더 불쾌하게 느껴진다.
- 문제로부터 도피하고 삶 자체로부터 도망치고 싶은 마음이 있다. 사람들을 피하는 것은 물론 집을 떠나거나 도망가야겠다는 생각을 하게 된다. 삶에 희망이 없고 무가치하며 무의미하기 때문에 죽고 싶다는 생각을 하기도 한다.
- 우울한 사람은 다른 사람의 언행에 지나치게 민감해진다. 타인의 행동이나 말을 부정적으로 해석하고 그릇된 인식으로 인해 짜증을 내

기도 한다. 괜히 주위 사람의 언행을 오해하고 잘 운다.

- 활동에 변화가 있고 사고수준에 변화가 있다. 안절부절못하거나 흥분을 잘하며 사고능력이 둔화된다. 집중하는 것이 어려워지고 결정하는 것이 어렵다.
- 대부분의 감정을 다루는 데 어려움이 있다. 특히 분노의 감정을 자신이나 타인에게 투사하는데, 내면화된 감정이 우울감을 촉발한다. 자신에 대한 분노는 무가치감에 뿌리를 두고 있고 어떻게 상황에 대처할지 모르는 데서 기인한다.
- 우울한 시점에 보통 죄책감을 느끼고 있다. 그 죄책감의 근거는 실재적인 것일 수도 있고 상상적인 것이기도 하다. 많은 경우, 그의 죄책은 잘못된 가정이나 자신의 우울증으로 주변 사람을 비참하게 만든다는 책임감에서 생긴 것이다.
- 우울증이 종종 다른 사람에게 의존하는 상태로 유도하기도 한다. 이는 무기력감을 강화시키고, 우울증 환자는 자신의 무기력에 화가 난다.

임상적 우울증 또는 주요 우울장애는 모든 사람이 때에 따라 경험하는 슬픔과 실망감, 그리고 좌절감이나 짧은 기분의 기복을 가리키는 것이 아니다. 이런 기분은 기껏해야 몇 분에서 며칠까지 지속될 뿐이다.

임상적 우울증은 몇 주에서 몇 달, 그리고 수년까지 지속되는 보다 심각한 상태를 일컫는다. DSM-IV에서는 기분장애를 우울장애, 양극성 우울장애, 일반적 의학적 상태에 의한 기분장애, 물질로 유발된 기분장애, 달리 분류되지 않는 기분장애 등 다섯 가지 범주로 나누고 있다.

우울증의 임상적 증상	
영 역	증 상
감정적 영역(정서장애)	자기비판, 죄의식, 무가치감, 무능력감, 허무감, 수치심, 슬픔, 불행감, 우울, 울음, 비관과 절망감, 무망감, 쉽게 짜증 내고 화를 냄
인지적 영역(사고장애)	사고의 혼란, 이성적 사고나 판단의 불가능, 죄업망상, 자기비하, 건강염려증, 빈곤망상, 허무망상, 피해망상, 관심과 동기의 상실, 집중력의 감소, 자살이나 죽음에 대한 생각
행동의 영역(행동장애)	자신의 외양에 대한 무관심, 말더듬, 일이나 취미생활에 대한 흥미의 감퇴, 심리적 및 운동적 측면에서의 퇴화, 자살의 제스처, 사회적 고립, 불평, 칭찬이나 상에 무반응
생리적 영역(신체증상)	피로감, 식욕상실, 체중감소, 변비, 불면증 혹은 과다한 수면, 업무, 성, 종교, 취미에 무관심, 위장장애, 통증과 고통(가면성 우울증), 월경불순, 성욕감퇴

Ⅲ
우울증은 왜 일어나는가?

우울증은 여러 가지 원인으로 인해 발생한다. 전문가들은 항상 '개인에 따라 다르다' 또는 '상황에 따라 다르다'는 말을 덧붙인다. 그것은 문제의 원인이 단 한 가지에 국한되는 것이 아니고 몇 가지 원인이 동시에 작동하고 있을 수도 있기 때문이다. 대부분의 우울증은 생리적인 요인과 심리적인 요인 간의 상호작용으로 이해할 수 있다. 따라서 우울증의 원인은 보통 유전적-생리적 원인과 심리적-인지적 요인 그리고 사회적-환경적 요인 등 세 가지 주요범주로 나누어 분류한다(Collins, 2008).

구체적으로는 유전적 원인, 뇌의 생화학적 변화, 환경적 스트레스, 심리역동적 요인, 학습된 무기력, 부정적 인지작용, 기후변화 등 다양한 원인이 거론되고 있다. 우울증의 원인은 결국 개인의 과거와 현재가 일생을 통해 마음속에서 복잡하게 꼬이고 뒤엉킨 것들이기 때문에 실타래를 풀기가 쉽지 않다. 아래 요인 중 어느 것이라도 우리를 우울의 나락으로 떨어뜨릴 수 있다.

우울증의 원인을 파악하는 것은 중요하다. 우울증의 원인만 파악한다면 극복하는 방법도 훨씬 쉽게 찾을 수 있을 것이기 때문이다.

유전적-생리적 원인 genetic-biological causes

우울증은 종종 신체적 근거를 갖고 있다. 수면부족이나 부족한 운동, 약물의 부작용, 부적절한 음식은 모두 우울증을 유발할 수 있다. 수천 명의 여성은 월경통PMS: premenstrual syndrome의 한 증세로 월경 전 우울증과 산후 우울증을 앓고 있다.

아치볼드 하트Archibald Hart는 엘리야의 우울증이 생리적인 이유에 기초한 (최근에 정서적으로 고양된 경험을 한 후에 겪게 되는) '아드레날린 후 우울증 postadrenalin depression' 이라고 주장한 적이 있다. 나이가 들수록 우리의 아드레날린 체계는 탄력성을 잃어 가는데, 아드레날린이 고조된 후에 그 수준이 낮아지면 우울증이 오게 되는 것이다. 엘리야는 휴식을 취하고 충분한 수면을 취함으로써 우울증에서 회생하였다.

우울증은 뇌신경전달물질과 관련이 있는데, 우울증은 뇌에서 세로토닌과 도파민, 노르에피네프린이라는 신경전달물질의 분비량이 줄어드는 것이 직접적인 발병원인으로 밝혀지고 있다. 이들 호르몬은 활성물질이기 때문에 이러한 요소가 없으면 수면과 관계된 문제에 시달리며, 의욕이 떨어지고 행동이 느려지며 뇌의 처리속도도 느려지게 된다. 호르몬이나 신경전달물질의 이상과 우울증이 관련되어 있다는 생화학적 이론은 우울증에 대한 약물치료를 뒷받침하고 있다.

심리적-인지적 원인 psychological-cognitive causes

당신이 어떻게 생각하는가에 따라 당신의 기분은 물론 행동도 달라진다. 지금과 다른 기분, 다른 행동을 바란다면 먼저 생각을 바꾸어야 한다.

우울증은 일반인구의 4~9%의 사람들이 경험하고 있는 정신건강적 문제이다. 대학생의 25%가 우울증을 경험하고 있는 것으로 집계되고 있다. 많은 우울증의 근저에는 발달단계적, 심리적, 대인관계적, 영적, 기타 비신체적 영향들이 깔려 있다.

심리적으로 볼 때, 낮은 자존감이나 자신이나 세상에 대한 허무감, 혹은 심각한 상실, 만성질환, 대인관계에의 어려움, 경제적 문제, 일상생활에 있어서 좋지 않은 변화 등 심한 스트레스가 우울증의 원인으로 생각된다.

우리의 세계관과 삶에 대한 태도는 다음 두 가지의 성장 환경에 따라서 결정된다.

- 성장한 집이나 뛰어놀던 동네, 친구들, 출석 교회 등과 같은 일상적인 경험

– 가족의 죽음, 부모의 이혼, 또는 정서적, 성적, 육체적 학대와 같은 충격적 경험

좋은 기억이든 나쁜 기억이든 이런 충격적인 기억들은 반복을 통해서 혹은 경험의 강도에 따라서 오랜 시간이 지나도 우리의 정신에 깊이 남아있게 된다(Anderson, 2006).

긍정심리학의 창시자이며 우울증 연구의 권위자인 마틴 셀리그만(Martin Seligman, 1990)은 지난 20년간 10배 증가한 우울증의 원인에 대해 "생물학적 기준으로 설명하기는 힘들다. 내 생각에는 우리 모두에게 너무나 익숙한 이런 전염성 우울증은 심리적인 것으로 보는 것이 타당해 보인다. 내가 보기에 대부분의 우울증은 살면서 생기는 문제들과 이러한 문제들을 생각하는 방법에서 시작하는 것 같다"고 결론을 내린 바 있다.

셀리그먼의 절망이론에 따르면, 자신에게 나쁜 일이 일어날 것이며 정말 좋은 일은 절대로 일어나지 않을 것이고 상황을 개선하기 위해 자신이 할 수 있는 일이 없을 것이라는 기대가 우울증을 일으킬 수 있다. 이렇게 절망(무기력감)은 우울증의 뿌리를 이루는 것으로 여겨진다.

심리적 원인 psychological causes

가정배경 요인. 방치neglect와 학대abuse와 같은 어린 시절의 경험이 후에 우울증을 유발할 수 있다. 제이콥슨Edith Jacobson은 부모의 괴롭힘에 눌려서 기를 못 펴는 아이의 상태를 우울증의 원형으로 보았다. 고아원 같은 곳에서 따듯한 인간적 접촉 없이 성장한 경우나 부모로부터 거부

당한 가운데 성장한 경우, 근친강간incest과 폭력abuse에 노출된 경우 또는 신분을 중시하는 부모가 너무 높은 기준을 요구한 경우에 실패한 자녀는 우울증에 빠지게 된다. 부모중 하나가 우울증에 시달릴 경우에 자녀의 우울증 확률은 더 높아진다. 부모와 갈등 중에 있는 십대, 가족으로부터 독립하는 데 어려움을 겪고 있는 청년, 불안정한 가정출신, 가족에 대하여 부정적인 자아상을 갖고 있는 대학생은 우울증에 걸릴 가능성이 높다(Gary Collins, Christian Counseling, 108).

이관직(2005)은 역기능 가정에서 미해결과제를 가지고 성장한 성인아이가 '낮은 자존감과 분노의 억압' 때문에 우울증에 더 취약하다고 지적하고 있다. 신학대학원생 85%가 자신이 역기능가정에서 성장한 성인아이임으로 인정하였다고 한다(p. 183). 미해결과제 중에서 우울증과 관계가 있는 것은 낮은 자존감과 분노의 억압이다. 자존감이 낮으면 자신에 대해, 현재와 미래, 그리고 주변 환경에 대해 부정적으로 인식하며 비합리적으로 인식할 가능성이 높다.

따라서 낮은 자존감은 우울증의 원인이자 증상으로 보고되고 있다. 리처드 윈터Richard Winter에 의하면, '나는 할 수 없다' 는 자신감의 부족, '나 자신이 너무나 싫다' 는 자기증오, '나는 너무 못생겼다. 너무 뚱뚱해, 너무 키가 커, 너무 작다' 고 느끼는 외모 자신감 부족으로 나타나는 낮은 자존감은 유년기 시절에 받은 심한 비난에 원인이 있다. 자신이 '쓸모없고 남의 시간을 허비하고 있다' 고 생각하는 사람은 유년기에 심하게 야단맞고 가망 없는 아이라는 말을 종종 들은 경험이 있다.

스트레스stress**와 중요한 상실.** 인생의 스트레스가 우울증의 원인이 될 수 있다는 것은 잘 알려져 있다. 스트레스는 외부자극이나 내부 갈등으로 인해 심신의 평형이 깨진 상태를 일컫는다. 스트레스가 우울증을 유발하는 데는 적어도 세 가지 방식이 있다. 스트레스는 뇌의 신경전달물질(호르몬)을 파괴할 수 있다. 코티졸이 고갈되면 극심한 공황발작을 가져올 수 있다. 스트레스는 핵심 호르몬의 과도한 분비와 지속적인 요구 때문에 부신에서 공급되는 호르몬이 고갈될 수 있다. 위급상황이 가라앉으면 부신은 회복할 시간이 필요한데, 이때는 에너지가 떨어지고 짜증스러우며 기분이 가라앉는 상태가 된다. 스트레스는 삶의 과제에 대처하는 정서적, 정신적 역량을 고갈시키기 때문에 우울증을 유발할 수 있다(Hart, 2006).

사랑하는 가족의 사망이나 질병, 가정불화, 실직과 같은 주요한 생활사건이나 친구나 가족과의 사소한 다툼, 사소한 비난, 낯선 사람으로부터 불쾌한 일을 당함과 같은 미세한 생활사건이 우울증을 유발할 수 있다. 특별히 스트레스가 우리로 위협을 느끼게 만들 경우에 가능성은 더 높아진다. 특별히 다음과 같은 생활사건, 스트레스 유발자stressor가 우울증을 유발할 수 있다.

• 배우자의 죽음 • 이혼 • 이사 • 별거 • 유죄판정 • 가족 구성원의 죽음 • 질병 또는 부상 • 결혼 • 실직이나 은퇴 • 가족 구성원의 건강상의 문제 • 성생활 문제 • 배우자와의 잦은 말다툼 • 시댁 문제 • 학교 전학 또는 대학편입 • 다니는 교회의 변경 또는 사회활동의 변화 • 식습관의 변화 • 적은 액수의 돈을 잃어버림 • 주변 사

람으로부터 사소한 비난을 받음 • 게임에서 짐 • 친구가 약속 시간에 안 나타남 • 상점 판매원의 불친절한 행동 등

물론 개인마다 충격적으로 받아들이는 사건의 내용과 강도가 다를 수 있으나 이러한 주요 생활사건이 우울증을 유발시킬 뿐만 아니라 악화시키는 계기가 될 수 있다.

최근의 연구는 우울증 환자의 50%가 만성적 부부불화를 경험하고 있음을 보여주고 있다. 부부간의 갈등과 가족의 역기능이 우울증을 야기할 수 있다. 비난, 경멸, 냉담을 경험하는 가족은 우울증에 취약할 수밖에 없다.

정신과의사 박성덕(2011)은 부부불화가 곧 부부우울증을 일으킨다고 말한다. '부부불화는 애착관계의 단절을 의미한다. 부부불화는 주부우울증의 가장 큰 원인이다. 아내만 그런 것이 아니라 남편도 우울증을 겪는다. 감정에 민감하고 우울한 느낌이 들면 일과 술, 사회활동을 통해서 그 감정을 바꿔보려 한다. 하지만 여전히 우울하다. 그토록 생기 넘치던 아내는 아이를 안고 아파트에서 뛰어내리고 싶다고 말하고, 유능한 남편은 출근길에 가로수를 받아버리고 싶다고 말한다. 전문가들은 불화가 있는 부부가 행복한 부부에 비해 우울증에 걸릴 확률이 10배가 높다고 말한다.' (pp.218~222)

정신역동치료사들은 우울증을 상실에 대한 반응이라고 본다. 우리는 누군가를 상실했을 때 슬픔을 느낀다. 그리고 우리가 상실한 사람에 대해 화가 난다. 우리는 상실한 사람을 우리의 한 부분으로 보면서 상실에 대처하기 때문에, 분노를 내면화하여 우울감을 느끼는 것이다. 그러

므로 많은 이들은 우울증을 분노가 내면화된 것으로 보는 것이다 (McMinn, 1991).

발병요인으로 작용하는 사건들 중 가장 흔한 것은 넓은 의미에서의 상실경험이다. 이것은 사랑하는 사람, 물건, 친밀한 동물, 사회적 기능(은퇴)을 상실하거나 이것들로부터 멀어지는 것을 의미한다. 거의 모든 반응성 우울증을 이해하는 열쇠는 그것들을 상실감에 대한 반응으로 보는 것이다.

아치볼드 하트(2000)에 의하면, 반응성 우울증을 촉발할 수 있는 상실에는 구체적이고 실제적인 상실, 추상적 상실, 상상 속의 상실, 위협받는 상실 등 네 가지 범주가 있다.

실제적인 상실real losses. 물리적인 무엇인가를 실질적으로 잃어버리는 것이다. 눈으로 보고 만질 수 있는 것들이다.

사랑하는 사람의 죽음, 사랑하는 사람으로부터의 이별, 가족처럼 한 개인이 큰 가치를 부여하는 대상의 상실, 조상 대대로 내려온 가보, 의미 있는 사진, 주소록 또는 일기장, 당신이 애지중지하던 집에서 이사하는 것, 실직, 착오로 인한 수상기회의 박탈, 별거 등이 실제적 상실에 속한다. 눈으로 볼 수 있고 만질 수 있는 것들이다.

추상적인 상실abstract losses. 실질적인 대상보다는 개인적 삶과 관련된 상실이다. 눈으로 볼 수도 없고, 무게를 잴 수도, 측정할 수도 없다. 그렇다고 해서 우울증을 촉발하는 인자로서 힘이 적은 것은 아니다.

별거로 인한 사랑의 상실, 또는 배우자의 외도(실연을 당했거나 정든 친구가 다른 고장으로 떠났을 때), 비판으로 인한 자존감의 상실(친구에게 비판을 당했거나 상관에게 질책을 받았을 때),승진에 누락되거나 사업(대학진학)에 실패함으로써 자존감과 야망의 상실, 아이들이 성장해서 분가하여 자녀들이 더 이상 자신을 필요로 하지 않는다는 느낌과 집이 텅 벼있다는 느낌, 퇴직한 이후에 삶의 패턴과 의미의 상실. 이와 같은 사랑의 상실, 자존감의 상실, 희망이나 야망의 상실, 중요감의 상실이 추상적 상실에 해당한다.

이런 상실은 실제적 상실보다 발견하거나 파악하기가 훨씬 더 어렵기 때문에 더 다루기가 어렵다. 상실을 알아차리지 못하면 우울증은 해결되지 않는다.

상상 속의 상실 imagined losses. 상실은 전혀 존재하지 않았지만 마음속에서 마치 상실을 경험한 것처럼 반응하는 것이다. 이러한 상실을 인지하기는 무척이나 힘들기 때문에 그 영향력은 아주 크다. 이러한 종류의 상실은 우리를 수심에 잠기게 하며, 피해망상적인 생각들은 이 상실과 깊은 관련이 있다.

'거봐, 난 또 실패했잖아. 나는 전혀 쓸모없는 인간임이 분명해', '아무도 나를 사랑하지 않아' '모든 사람이 나에게 적대적이야', '난 항상 실패할거야', '차라리 죽는 게 모든 사람에게 도움이 될 거야', '내 삶은 지금처럼 언제나 형편없을 거야.'

배우자가 자신을 배신하고 불륜을 저지르고 있다고 의심하게 될 수도 있다. 편집증적인 생각으로 인해 생긴 우울증은 쉽게 사라지지 않는다. 실제로 발생한 상실이 없기 때문이다. 이러한 상실을 처리할 수 있는 유일한 방법은 현실을 검증해 보는 것이다.

다가올 상실(위협받는 상실threathened losses). 미래에 대한 두려움과 관련이 있다. 위협 그 자체만으로도 충분히 우울증을 촉발할 수 있다. 미래에 발생할지도 모를 상실에 대한 걱정을 안고 살아가는 것이다.

배우자나 자녀의 죽음, 실직과 은퇴, 가정, 명성, 직업, 건강 등의 상실에 대한 위협감은 우울증을 촉발하기에 충분하다. 우리는 경기 악화, 노화, 실직, 배우자, 명성, 돈을 벌 기회 때문에 위협을 받는다. 이 모든 위협들은 실제적인 상실이 일어날 때처럼 우울증 반응을 유발할 수 있다. 이러한 잠재적인 상실은 실질적인 상실보다 더 큰 영향을 미칠 수 있다. 가까운 사람을 가벼운 수술 때문에 병원으로 데려갈 때 기분이 오르락 내리락 하면서 다소 우울해진 적이 있는가? 상실에 대한 위협감은 우울증을 촉발하기에 충분하다.

삶은 위협으로 가득하다. 우리는 경기 악화, 노화, 실직, 명성의 상실, 돈 벌 기회의 상실 때문에 위협을 받는다. 이 모든 위협들은 실제적 상실이 일어날 때처럼 우울증 반응을 유발할 수 있다.

학습된 무기력learned helplessness. 행동주의 이론에서는 삶 속에서 칭찬, 보상, 도움, 지지 등의 긍정적 강화가 상실되거나 강화유발행동이 감소 또는 우울행동이 잘못 강화되었기 때문으로 인식한다. 이와 함께 우울증의 원인이 학습된 무기력에 의해 발생한다고 보기도 한다. 우리가 통제할 수 없는 상황에 직면하게 될 때 우리는 우울감에 빠지게 된다는 것이다. 이것은 마틴 셀리그만(Martin Seligman, 1975)의 학습이론에 근거한 것으로 실패를 반복해서 경험하게 되면 자신이 환경에 대해 통제력이 부족하다는 확신 즉, 무기력을 학습하게 되는데, 이와 같은 학습된 무기력 상태가 우울증의 상태와 유사하다는 것이다. 우리가 아무리 노력한다 해도 우리의 고통을 제거하기 위해, 목표달성을 위해, 변화를 위해 할 수 있는 것이 없을 때, 속수무책일 때(예: 죽은 사람을 되살릴 수 없으며, 편집증환자와 정상적 관계를 맺을 수 없고, 늙은 노인이 젊음을 되찾을 수 없다) 사람은 우울증에 걸린다는 것이다. 이는 행동주의 이론에 속하는 것으로 희망 없는 환경의 지속에 의해 우울증이 학습될 수 있다는 것이다.

인지적 원인 cognitive causes

사람은 일반적으로 사고하는 방식에 따라 자신이 느끼는 방식을 결정한다. 간단히 이야기하자면, 삶의 경험을 어떻게 해석하는가가 그 경험에 대한 우리의 느낌에 영향을 미치게 되고 그것이 결국은 스트레스와 우울증으로까지 이어진다는 것이다. 이것이 우울증의 인지적 견해에 대한 기본적인 가정이다. 만일 우리가 부정적으로 생각한다면, 예를 들어 단지 인생의 어두운 면만 보거나 염세주의적인 마음으로 긍정적인 것들을 간과한다면, 우울증은 거의 피할 수 없게 된다. 이런 사람들에 대한 가장 효과적인 상담은 그들의 사고를 변화시킬 수 있도록 돕는 것이라는 사실은 결코 놀라운 일이 아니다.

우리는 누구나 일상생활 속에서 긍정적 생각과 부정적 생각을 동시에 지니고 살아간다. 긍정적 생각과 부정적 생각의 비율이 기분 상태를 결정하는 중요한 요인이다. 심리적으로 건강한 사람은 긍정적 사고와 부정적 사고가 대체로 1.6 대 1.0의 황금비로 적절한 균형을 이루는데, 우울증은 부정적 생각이 압도적으로 많아지거나 긍정적 사고가 현저하게 감소하여 황금비의 균형이 깨어진 상태라는 것이다(권석만, 2000).

우울증은 부정적 생활사건이라는 스트레스와 역기능적 신념이라는 취약성이 함께 존재해야 유발된다고 본다. 우울증에 대한 인지이론은 다음과 같은 그림으로 요약할 수 있다.

생활사건 ↘

(인지적 왜곡) → 자동적 사고 → 우울증상

역기능적 신념 ↗

부정적 사고의 세 가지 주제. 인지심리학자들에 의하면, 왜곡된 사고, 부정적인 자동적 사고, 왜곡된 신념이 우울증을 유발한다. 우울한 사람들이 지니는 부정적인 자동적 사고를 분석해 보면, 그 내용이 크게 세 가지 주제로 나누어진다. 우울증 환자는 자기 자신(자존감 상실, 존엄성에 대한 감각 상실, 자기비난), 세상과 주변환경(세상 모든 것에 대해 부정적임), 자신의 미래(어떠한 계획을 세우는 것도 불가능함, 비관적임)에 대해 부정적 시각을 가지고 있다. 이러한 세 가지 주제에 대한 독특한 사고 패턴을 부정적 인지 삼요소negative cognitive triad 또는 인지삼제(認知三題: cognitive triad)라고 한다.

첫째, 우울한 사람들은 자기 자신에 대해 부정적인 생각을 많이 가지고 있다. 이들은 '나는 열등하다', '나는 무능하다', '나는 무가치하다', '나는 사랑받기 어려운 사람이야', '나는 다른 사람들로부터 버림을 받았다' '나는 형편없는 인간이다' '난 아무짝에도 쓸모없는 인간이야' '나는 실패자다' '난 제대로 할 줄 아는 게 없어' '다 소용없어' 등의 부정적 생각을 지닌다. 자신을 부적절하고 무가치하며 무능력한 존재로 본다. 이러한 태도는 자기비난이나 자기연민으로 이끌 수 있다.

우리는 일상생활 속에서 늘 자신을 평가하며 '나는 어떤 사람이다'라는 생각을 지니고 산다. 우리는 자아개념self-concept을 따라 생각하며 행동한다. 우울한 사람들은 생활 속에서 부정적 사건들을 경험하면서 자기 자신에 대한 부정적 평가를 하게 되고 결국 부정적 자아개념, 낮은 자존감을 형성하게 된다. 여기서 주목할 것은 우울한 사람들이 자신에 대해 실제 이상으로 과장되게 부정적 평가를 한다는 것이다.

둘째, 우울한 사람들은 주변 환경에 대해 부정적 생각들을 지니고 있다. 자신의 경험을 부정적으로 해석한다. '나에게는 항상 나쁜 일이 일어난다. 이는 아무도 나를 좋아하지 않음을 입증한다', '내가 처한 상황은 너무 열악하다', '이 세상은 살아가기에 너무 힘들다', '주변 사람들은 너무 이기적이고 경쟁적이고 적대적이다', '내 상사는 언제나 내 동료를 편애해' '나를 이해하고 도와줄 사람이 없다', '다들 나에게 무관심하고 나를 무시하고 비난할 것이다' 등의 생각을 하게 된다. 세상에 대한 이들의 부정적 생각은 타인에게 적극적인 도움을 요청하지 않고 사회적으로 위축되어 고립되는 결과를 초래하게 된다.

셋째, 우울한 사람들은 자신의 미래에 대해 부정적 생각을 지니고 있다. 그들은 장래 일을 고난과 좌절, 절망의 연속으로 인식한다. '상황은 나빠질 것이다' '나는 절대로 수줍음을 극복하지 못할 거야' '나의 삶은 비참해질 운명이다', '나의 미래는 비관적이고 암담하다', '내가 어떤 노력을 하더라도 이 어려운 상황은 개선될 수 없다', '앞으로 상황은 점점 더 악화되고 나의 심리적 고통은 점점 더 커질 것이다' 등의 생각이다. 현재의 상황이 아무리 부정적이라도 미래에 대한 희망을 지니는 사람은 우울증에 빠지지 않는다. 미래에 대한 비관적인 생각은 우울한 사람을 더욱 괴롭히며, 상황의 개선을 위한 적극적인 노력을 하지 않게 만든다.

자신들이 상처받거나 낙심되는 것을 보호하기 위해 위와 같이 생각할 때 그들이 생각하는 바가 실제로 이루어진다는 사실은 그리 놀라운 일이 아니다. 흔히 부정적인 태도는 동기부여를 제거하고 사람들로 하여금 노력하기를 멈추게 하며 두려워하는 실패가 현실이 되게끔 한다. 그 외에도 부정적인 사고는 다른 사람(상담자도 포함하여)을 통제하려는 시도로 사용될 수 있으며 그들이 반응하는 방식에 영향을 끼친다. "나는 별 볼일 없는 인간이야"라는 말은 다른 사람으로부터 "아니야! 당신은 괜찮은 사람입니다"라는 긍정적인 말을 하게끔 만드는 무의식적인 방식이다. 이런 식의 자기 비난은 다른 사람으로 하여금 칭찬을 하도록 만드는 일종의 교묘한 조작적 방식이 된다. 그럼에도 불구하고 이러한 칭찬에 결코 만족하지 않으며 우울증과 부정적인 사고는 지속적으로 이어진다. 우리가 부정적으로 사고하는 데 익숙해져서 인생의 어두운 면만 보고 긍정적인 측면을 간과한다면 우울증은 불가피한 것이다. 이들은 '나는 살만한 가치가 없다, 내 인생은 끝난 것이다, 내가 할 수 있는 것은 아무 것도 없다'고 생각한다. 우울한 사람들은 인위적 추론 arbitrary inference, 선택적 요약 selective abstraction, 과잉일반화 overgeneralization, 확대 및 극소화 magnification and minimization 등 인지적 편향을 드러낸다. 아론 벡 Aaron Beck은 우울증 환자를 비논리적 자기판단의 희생자로 본다.

우울증 환자는 자기, 세상, 미래에 대해 인지적 왜곡을 한다. 인생이 부담과 장애와 패배의 연속으로 보인다. 그리고 스스로 부족하고 무가치하고 무능한 것처럼 느껴진다. 부정적 사고는 사람을 우울증으로 유도한다. 그리고 사람이 우울증에 빠지면 점점 더 부정적으로 사고하는데, 이것이 우울증을 더 강화시킨다.

다음과 같은 완벽주의적이며 비합리적인 사고가 우울증의 원인이 될 수 있다.

- 나는 모든 일을 완벽하게 처리해야 돼.
- 모든 사람들은 그들이 나를 인정하고 있다고 확실하게 표현하여야 한다.
- 나는 내가 하는 일을 통해서 내가 가치 있는 인간이라는 것을 증명해야 한다.
- 모든 비판과 비난은 내가 전혀 능력이 없다는 점을 증명한다.

- 누군가가 나를 사랑한다는 게 명확할 때에만 나는 가치 있는 인간이다.
- 세상은 공평해야 하기 때문에, 이런 일은 나에게 절대 일어나선 안 된다.

우울한 사람들은 어린 시절의 경험에 의해 특정한 내용의 인지도식을 형성하고, 잠재적으로 그러한 인지도식을 지니고 생활하다가 부정적인 생활사건에 부딪히면서 그 사건의 의미를 특정한 방향으로 왜곡하여 해석하게 되고 결과적으로 우울증상을 야기하게 된다는 것이 인지이론의 골자이다.

분노 anger. 해소되지 않은 분노가 자신을 향하여 내면화되었을 때 우울증의 원인이 될 수 있다. 우울증은 응고된 분노다(Seamands, p.189). 때때로 우리는 분노를 속에 품고 소리 없이 속을 끓인다. 자신의 분노를 직면하고 인정하기를 거부할 때 우울증이 유발된다는 견해가 있다. 분노를 속에 품고 자신에게 화를 내면 우울증에 빠질 수 있다는 것이다.

많은 어린이들이 분노의 표현이 용납되지 않는 가정에서 자라난다. 분노의 감정을 부인하고 무의식 속에 억압할 때 우울증으로 발전할 수 있다. 우리는 대개 자존심이 상처를 입거나 좌절감을 느끼거나 실망했을 때 분노한다. 분노를 시인하고 표현하지 못하면 이는 보복심과 원한 감정으로 발전하여 과격한 행동이나 정신신체질환, 또는 우울증으로 이어질 수 있다.

어떤 사람들은 우울증을 사회적으로 용납할 수 있는 방법으로 분노를 표현하고 보복하는 방법으로 사용한다. 그들은 '나는 우울하고 비참하다. 이것은 내 잘못이 아니다. 그리고 내가 주목을 받고 동정을 얻지 못한다면, 나는 더 심한 우울증에 빠질지도 모르며 다급한 행동을 취할는지도 모른다'고 독백하고 있는 셈이다. 로저 바렛트Roger Barrett는 이런 형태의 우울증을 '심리적 협박' psychological blackmail이라고 불렀다.

> ↗ 파괴적 행동 또는
> 상처 → 분노 → 복수 → 수동공격 또는
> → 신체화 증상 또는
> (분노는 상처를 숨긴다) (복수는 상처와 분노를 숨긴다) ↘ 우울증
> (우울증은 상처, 분노, 복수심을 숨긴다)

죄(불순종)와 거짓된 죄책감. 어떤 종류의 우울증은 죄의식으로부터 혹은 의식적인 불순종과 죄로부터 올 수 있다. 특히 양심이 지나치게 예민하므로 무엇이든지 꼭 해야만 한다는 감정에 사로잡혀 있거나 항상 불안감, 근심, 정죄감 때문에 고통을 받는 완전주의자는 거짓된 죄책감으로 우울증에 빠질 수 있다.

분노, 악독, 질투, 원한, 이혼, 부도덕(음행과 간음) 등의 영역에서의 불순종과 해결되지 않은 죄로 인해 그리스도인도 우울증에 걸릴 수 있다 (Billy Graham,1986).

크리스천 정신과의사 프랭크 미너스(Frank Minirth, 1977)는 강박충동적 성격의 소유자들이 우울증에 더 취약하다고 했다. 이러한 성격의 소유

자는 지나치게 경직되어 있으며, 양심적이고 완벽주의적이다. 옳으냐 그르냐를 지나치게 따지며, 지나치게 의무적이어서 긴장을 풀고 즐길 줄 모른다. 그의 양심은 하나님 자신보다 더 엄격하다(강박충동적 성격은 거듭하여 하나님의 은혜와 자비에 대해 스스로를 교육할 필요가 있다).

사람은 자신이 무엇인가 잘못했거나 죄를 지었다고 느끼면 죄책감이 일어나며, 자기정죄, 좌절감, 수치심 그리고 절망감을 느끼게 된다. 죄책감과 우울증은 함께 나타나기가 쉽다. 우울증이 죄책감을 촉발하기도 한다. 그러나 대부분의 경우 죄책감이 우울증을 유발한다.

그레이스 케터만(Grace Ketterman, 1988)은 근본주의적인 교회의 율법주의적이고 경직된 요구와 기준에 미치지 못했을 때의 정죄가 우울증을 유발할 수 있다고 경고하고 있다. 우리를 괴롭히는 것은 거짓된 죄책감, 부모를 비롯한 중요한 타인에 의해서 주입된 죄책감, 신경증적 죄책감이다. 십계명을 어겨서 생긴 죄책감이 아니라 사회적 암시에 의해 생겨난 거짓된 죄책감이다. 부적절한 죄책감은 "처음부터 죄책감을 가질 필요가 없는 것에 대해 가지는 죄책감"으로 예를 들어, 성과 성욕에 대해 거짓된 죄책감을 느끼는 이들이 있다. 내담자가 죄의식을 많이 가지고 있는 경우는 그 죄의식이 실제의 죄real guilt, 도덕적인 죄 때문인지, 가상의 죄pseudo guilt, 기능적 죄책감, 신경증적 죄책감 또는 거짓된 죄책감 때문인지 분명하게 구분해 주어야 한다(투르니에, 2001). 불건전한 죄책감은 우리로 하여금 회한, 자기연민, 자기 정죄의 늪에서 허우적대게 만드는 특징이 있다. 과민한 초자아는 그 원인을 깨우쳐주는 것이 해결책이 될 수 있다. 김진(2010)은 "시효가 지난 죄책감"이 우울증을 유발할 수 있다고 지적하고 있다. 처음에는 적절한 죄책감으로 시작하였는데, 회개하여 하나님의 용서를 받은 다음에도 계속해서 기능적으로 죄책감을 느끼는 경우이다.

우울증이 항상 개인적인 죄에 기인하는 것은 아니지만, 죄의 결과로 우울증이 발생할 수 있다. 죄와 관련된 우울증의 원인으로는 원한감정과 증오 같은 부정적 감정이나 태도, 죄악된 행동이나 태도에 대한 회개의 결여 또는 죄책, 하나님과 그의 말씀으로부터 떠남, 미래에 대한 두려움, 풍족하게 공급하시는 하나님을 신뢰하지 못함, 그리고 일반적 불신앙이 있을 수 있다.

실존적 공허감existential vacuum. 실존주의적 이론에서는 개인이 극심한 소외감을 경험하거나 세상에 대하여 의미와 목적을 상실할 때 우울증에 빠진다고 말한다. 누구나 인생에 실존적 공허감을 느낄 때가 있다. 타락한 세상에 인간으로 사는 고통으로 무의미감과 공허감을 느낄 때 우울감을 느낄 수 있다.

사회적-환경적 원인

억압적 정권 아래서의 생활, 정치적 불안정, 경기침체, 현대화와 산업화, 높은 이혼율, 비합리적 직장 상사로부터 부당한 요구, 무직으로 인한 경제적 어려움, 부모의 이혼, 부모의 불화, 부모의 떠남 등이 높은 비율의 우울증에 기여할 수 있다.

우울증을 촉발할 수 있는 몇 가지 경험으로 가정의 돈 콜버트(Don Colbert, 2003)는 다음과 같은 것들을 열거하고 있다. 당신 자신의 경우에는 어떤 경험에 해당하는지 검토해 보도록 하라.

- 가족력에 우울증이 있다.
- 사랑하는 사람의 죽음 : 배우자, 부모, 자녀, 친구, 그리고 반려동물의 죽음도 우울증을 유발할 수 있다.
- 마약이나 알코올
- 만성적 질병이나 만성적 고통 : 특히 암이나 심장병, 당뇨가 있는 사람이 우울증에 취약하다.
- 어린 시절에 학대받은 경험 : 학대의 피해자가 알코올에 중독되고 우울증에 취약하다.
- 이혼 가정의 성인아이들은 삶에 대한 열정이 없으며 낮은 자존감, 걱정, 우울증으로 고통 받는다.
- 삶의 위기 : 직업, 별거, 이혼, 징역형, 개인적 상처와 같은 위기적 사건은 우울증을 유발할 수 있다.

영양실조와 부족한 휴식, 운동 부족, 호르몬의 불균형, 억압된 분노, 비현실적인 기대, 죄와 죄책감, 각종 스트레스와 상실, 무망감, 외로움, 연고관계가 없는 것, 완벽주의, 아동기의 외상trauma, 정서적 학대, 신체 학대, 성적 학대, 재정적 어려움, 직장에서의 갈등, 가정과 자녀로 인한 문제들, 흡연, 음주, 일중독과 같은 습관과 관련된 문제들, 낮은 자존감, 나이 드는 것 등이 모두 우울증의 원인으로 지적되고 있다 (Wright, 1985; Hart, 2000).

Ⅳ
우울증의 분류

우울증은 여러 형태로 나타날 수 있다. 크리스천 심리학자 하트Archibald Hart는 우울증을 세 가지 주요 범주로 나누어 설명했다. 신경증적 우울증, 정신병적 우울증, 그리고 가면우울증이다.

신경증적 우울증에 해당하는 **반응성 우울증**reactive depression 또는 **외인성 우울증**exogenous depression은 주로 어떤 실제적인 혹은 상상적인 상실이나 외상에 대한 반응으로 일어나며 보통 수개월 정도 지속된다. 어떤 심리적인 원인이 있어서 그 원인의 결과로 생긴다. 그래서 이를 '반응성 우울증' 이라고 하는 것이다. '외인성 우울증' 이라고도 하는데, 이는 우울증의 원인이 자기 안에 있지 않고 자기 밖의 사건에 있다고 해서 일컬어지는 것이다. 예를 들어 대학입시에 떨어진 학생이 우울증을 앓을 때, 그 우울증은 불합격이라는 원인에 반응하여 나타났다고 할 수 있다. 배우자의 돌연한 사망을 계기로 우울상태가 나타나고 그 감정 체험이 없어질 때 우울상태가 개선되는 경우도 반응성 우울증에 해당한다. 이 경우 정도가 심하지 않아 일상적 일들을 어느 정도 수행할 수 있다. 환각과 망상 등의 정신병적 증상이 거의 대부분 나타나지 않는다.

사춘기 이후에 전형적으로 나타나는 것으로 보통 상담이 치료방법이 된다. 보통은 촉발인자가 있는데 어떤 것을 상실했다는 인식이 종종 그런 역할을 한다. 때때로 상실에 대해 애도하고 나면 이런 반응성 우울증이 자연스럽게 사라진다.

정신병적 우울증psychotic depression 또는 **내인성 우울증**endogenous depression은 호르몬체계 안의 신체화학적 불균형에 기인하는 것으로, 때때로 자기파괴적인 특성을 동반한 강한 좌절을 내포하고 있다. '내인성' 이란 사람 내부의 문제라는 의미이다.

심리치료사들은 뚜렷한 원인이 없을 경우에도 마음속 깊이 숨어 있는 원인이 있다고 본다. 유년 시절, 사랑하는 사람을 잃어버렸거나 아니면 해결되지 않은 정신적 충격과 관련이 있을 수 있다. 망상이나 환청을 동반하기 때문에 가장 심각한 우울증이다. 정신과 치료가 즉각 필요하며, 단극성 혹은 양극성 우울증의 약 15%에서 나타난다.

크리스천 정신과의사 김진(1997)에 의하면, 특별히 그럴만한 심리적 이유가 없이 저절로 나타나서 '자동적 우을증' 이라 불린다. 외인성 우울증과 달리 그 원인이 자기 내부에 있다고 하여 '내인성 우울증' 이라고 한다. 여기서 내부라는 것은 두뇌라는 자기 신체 안에 어떤 생물학적 원인이 있다는 것이다. 시간이 지나면서 점차 악화되어 나중에는 일상적인 일들을 전혀 수행하지 못하는 상태에까지 이르게 된다. 환각과 망상 등의 정신병적 증상들이 꼭 동반되는 것은 아니지만 적지 않은 경우에서 동반될 수 있다. 정신병적 증상들이 동반되면 우선 정신병적 우울증을 의심해야 할 것이다. 신경증적 우울증(때때로 수면과다), 식욕과 체중의 감소(때때로 증가), 피로 증가 등의 신체적 증상이 대개 동반된다. 내인성 우울증은 성인기에 자주 발생하며, 장기간 지속되며 치료에 더 강한 저항을 보이고 높은 재발율을 나타낸다.

가면 우울증masked depression의 경우에는 우울증상이 다른 모습 뒤에 숨겨져 나타난다. 어릴 때는 우울증이 학교공포증, 사이버중독, 과잉행동장애, 성적저하로 나타나며, 사춘기에는 가출, 반사회적 행동, 알콜남용, 약물남용, 성적 문란 등으로 나타난다. 성인에게도 약물중독, 알코올중독, 도박, 정신신체장애, 이혼 등이 우울증의 한 표현으로 나타날 수 있다. 이들은 모두 우울기분을 감추기 위한 가면 우울증이라 할 수 있다.

많은 경우에 있어서 우울증의 증상은 표출되지 않으며 때로는 인식조차 되지 않아서 자기 자신의 내부로 향하게 되는 분노를 이면에 감추고 있다. 증상이 가면성이든 명백하게 드러나든 간에 대부분의 우울증 환자들이 제대로 치료를 받지 않은 상태로 있다. 아마도 어떤 사람들은 자신의 우울증 증상으로 인해 당혹스러워하거나, 더러는 우울증상이 아주 깊어진 상태에 이르러서야 치료를 받으러 간다. 또 어떤 경우는 아무런 도움 없이 자기 스스로 우울증을 다룰 수 있다고 확신하기도 한다. 신체적 증상 뒤에 억제형 우울감이나 억울한 사고를 감추고 있어 환자 자신도 내과적인 병으로 생각해 내과에서 진찰하는 경우가 많다. 도움을 받는 사람들 중 약 80%는 호전되며, 감정과 에너지 수준 그리고 생활적응능력에 있어서 변화를 보인다.

유형별 우울증

우울증은 증상이나 강도 면에서 매우 다양하게 나타나기 때문에 하위유형 구분에 다양한 견해가 있다. 우울증의 하위유형을 분류하여 살펴보면 다음과 같다.

기분부전 장애dysthemic disorder는 장기간에 걸쳐 일상적으로 우울감을 나타내는 것으로 특징지어진다. 비록 환자는 낮은 에너지 수준과 활력의 상실, 그리고 삶을 즐길만한 능력이나 창조성을 지니고 있지는 않지만 정상적인 기능을 저해할 정도의 심각한 우울증상을 드러내지는 않는다. 전문적으로 이것은 2년 이상에 걸쳐 2달 이상 중단 없이 지속되는 낮은 등급의 우울증으로 규정되지만 대부분의 경우 단 하루도 우울하지 않은 날이 없다고 보고된다. 때때로 우울증이 신체적 질병을 야기하기도 하지만 흔히 이러한 증상들은 의학적인 치료를 받을 수 있는 신체적 조건에서 발생한다.

계절성 정서장애seasonal affective disorder는 낮이 짧고 밤이 더 긴 지역의 겨울철에 자주 나타나는 것으로 일정 기간 우울, 냉담, 사회적 고립을 보이는 정서적 장애를 말한다. 예를 들어, 가을과 겨울에 우울증을 보이고 봄과 여름에는 정상적으로 기능하는 계절성 우울증 환자가 있을 수 있다. 우울증은 흔히 성탄절 직후(휴일 패러독스)나 겨울에 발생한다. 일부의 견해 가운데 눈의 망막을 통해 들어오는 햇빛이 항우울 효과를 나타내는 화학작용을 일으킨다고 말하고 있다. 대부분의 경우 이 증상은 낮이 길어지는 봄이 되면 사라진다. 겨울철에 햇빛치료가 도움이 된다는 증거도 있으며 상담 역시 효과적이다.

양극성 장애 Bipolar disorder는 조울증이라고도 불리는데 조증과 우울증 증상을 모두 나타내는 혼합형 삽화를 나타내는 상태로서, 우울행동의 과정에서 조증의 시기를 포함하고 있는 것을 말한다. 이때 저조한 기분에 처해 있는 상태를 우울증이라 하고, 들뜬 기분의 상태를 조증이라고 한다. 조증은 그럴만한 이유가 없이 강력하게 고양된 정서적 상태로서, 성마름, 과잉활동성, 수다스러움, 사고의 비약, 주의산만성, 팽만한 자존감, 비현실적이고 과대망상적인 계획을 짜는 등의 행동이 수반된다.

일반적으로 기질적인 원인에 의한 것으로 가정되고 있으며 보통 성인초기에 나타나서 평생 동안 지속된다. 각 개인은 심각성이나 빈도에 있어서 독특한 조울의 사이클을 가진다. 조증환자는 자신(자신의 능력이나 자질을 과대평가)과 세계(세상 모든 것이 아름답다), 그리고 미래(낙관적임)에 긍정적 시각을 가지고 있다. 이들 중 어떤 사람들은 주로 조증 증상을 또는 주로 우울증상을 나타낸다. 조증 기간에는 절제 없는 에너지와 통제되지 않은 행동, 위험을 무릅쓴 모험을 감행하려는 의지가 있다. 우울한 기간에는 우울증의 일반적인 증상들을 나타낸다. 이러한 기분의 반복은 약물에 의해 통제될 수 있으나 상담(개인상담이나 가족상담) 역시 도움이 된다. 그러나 슬프게도 많은 사람들이 조증 기간에는 상담의 필요성을 알지 못하며 우울 기간에는 상담하기 위한 에너지가 거의 없다.

우울증은 조울증보다 더 흔한 증상이다. 단극성 장애가 10~20배 정도 더 흔하다. 이 책에서는 우울증에 초점을 맞추기로 한다.

케이 재미슨(Kay Jamison, 1992)은 양극성 장애를 예술적 창조성과 관련짓는 많은 자료를 제시하였다. 기분장애를 겪은 미술가, 작곡가 및 저술가의 명단(미켈란젤로, 반 고흐, 차이코프스키, 고갱, 테니슨, 웰리, 위트만)은 인상적이다. 아마도 조증 상태에서 기분이 고양되고, 에너지가 증가하며, 사고가 빨라지고, 통상적으로는 서로 무관한 생각을 연결 짓는 능력을 나타내는 방식으로 창조성이 발휘되는 것 같다(Davidson & Neale, 2000).

산후 우울장애postpartum disorder는 산후 우울감postpartum blues이라고 불리는 것과는 다르다. 산후우울감은 비교적 짧은 기간에 걸쳐 우울한 증상이 나타나며 일단 호르몬 수준이 안정되면 사라진다. 반면에 산후 우울장애는 더 심각하고 오래 지속되며 상담과 약물로 치료될 수 있다. 산후환경을 복잡하게 만드는 심리적 문제나 산후환경에 의해 촉발된 심리적 문제가 있을 때, 극단적인 행동으로 퇴행할 수 있다.

주요우울장애major depressive disorders는 아마도 가장 심각하고 복잡하며 가장 많이 연구된 우울장애이다. 단극성 장애unipolar disorder라고 불린다. 일반적으로 주요우울증은 삽화로 나타나며 환자와 관련된 모든 사람에게 매우 파괴적이다.

어떤 환자가 주요우울장애로 진단받으려면 ①슬프고 우울한 기분 ②통상적인 활동에서 흥미와 즐거움의 상실 ③식욕감퇴와 체중감소 또는 식욕증가와 체중증가 ④불면증 혹은 수면과다 ⑤정신운동 초조 혹은 지체 ⑥피로감 증가 또는 에너지 감소 ⑦무가치감 혹은 부적절하고 과도한 죄책감 ⑧사고 및 집중능력의 감퇴 혹은 결정곤란 ⑨자살이나 죽음에 대한 반복적 사고 가운데서 다섯 가지 이상을 두 주 이상 경험하여야 한다. 이러한 심각한 우울증은 매우 심도 있는 상담에 반응하지만, 대부분의 전문가들은 항우울제를 함께 사용한다. 이러한 심각한 형태의 우울증은 전문가에 의해서 가장 잘 치료된다.

기분장애mood disorder는 우울이나 다른 정서를 포함하는 정서상태의 한 분류군을 말한다. 때때로 기분장애라는 용어는 위에서 기술한 각 유형의 우울증을 포함하는 포괄적인 용어로 사용된다.

연령별 우울증

우울증상은 연령에 따라 다르게 나타날 수 있다.

소아우울증

소아의 경우 아이가 산만해지거나, 학교성적이 떨어지고 등교를 거부하며, 배나 머리가 아프다는 등의 다양한 신체증상을 호소하거나, 부모에 대한 지나친 집착, 품행장애 등의 증세가 나타날 수 있다. 우울증 어린이는 다음과 같은 증상적 특징을 보일 수 있다.

외모 _ 다른 어린이와 달리 슬퍼 보이고, 우울해 보이며, 무슨 일을 하든 즐겁지 않아 보인다.

퇴행 _ 우울증에 빠진 아이들의 또 다른 특징은 퇴행과 억제다. 아이가 맥이 빠진 것 같은데 부모는 아이가 지루하거나 어디가 아파서 그런다고 생각한다. 아이들은 머리가 아프다, 배가 아프다고 불평하며 수면장애나 섭식장애를 나타내기도 한다.

불만족 _ 하는 놀이마다 만족하지 못한다. 부모는 그런 아이를 보면서 아이에게서 문제를 찾지 않고 주변 다른 사람 탓이라고 생각한다.

거부 _ 아이가 거절감을 느끼거나 사랑받지 못한다고 느낀다. 부정적 자아상이나 무가치감을 느낄 수도 있다.

짜증 _ 쉽게 짜증을 내고 빨리 좌절한다. 하지만 대부분의 어린 아이는 자신이 왜 그런지 알지 못한다.

성가시게 하는 행동 _ 남을 희롱하거나 성가시게 함으로 자신의 우울한 느낌을 나타낸다. 하지만 아이들의 성가시게 하는 행동에 주변 어른들은 대개 화를 낸다.

반항적 행동 _ 어린이는 우울증을 적절히 표현할 줄 몰라 반항적으로, 혹은 분노나 적대감으로 표현한다. 예를 들면, 부모의 이혼으로 우울증에 시달리는 아이는 오줌을 싼다든지, 동생이나 친구를 괴롭힌다든지, 부모에게 바짝 매달린다든지, 학교공부를 소홀히 한다든지, 뭐든지 부풀려 이야기한다든지 하는 식으로 표현한다(Wright, 2010).

최근에 우리나라 초등학생의 13%가 자살에 대해 생각해본 적이 있다는 연구결과가 발표된 적이 있었다. OECD 국가 중 우리나라 초·중·고생들의 생활만족도(행복도)가 가장 낮다는 것은 이미 널리 알려진 사실이다.

청소년우울증

최근 1년간 우울증을 경험한 우리나라 중고생의 비율은 38%, 심각하게 자살을 생각한 적이 있다는 학생은 18%라는 놀라운 조사결과가 발표된 적이 있다. 한국 청소년 사망 원인 중 1위는 교통사고이고, 2위는 자살이다. 청소년들이 극단적인 선택을 하는 동기는 주로 공부 스트레스, 성적, 진학문제로 인한 우울증이다.

청소년 우울증의 원인으로는 실제적 또는 상상속의 상실, 가족이나 친구의 죽음, 부모의 이혼, 가족이나 친구의 질병, 친구의 이사나 전학,

또래 집단으로부터의 거절이나 왕따 경험이 있다(Wright, 2010).

청소년기에 나타나는 우울은 성인의 우울증과는 증세에서 차이를 보인다. 우울하다고 느끼기보다는 산만함과 난폭함, 짜증, 반항 등 행동의 변화로 나타나는 경우가 많다. 아무리 공부해도 성적을 올릴 수 없다고 느끼는 청소년은 무기력을 학습할 수 있다. 청소년 우울증은 '현실과 이상 간의 괴리'가 그 원인인 경우가 많다. 자신이 세운 이상적 목표가 현실과 너무 동떨어져 있다는 사실을 깨달았을 때 우울한 기분은 극대화된다. 이를 테면 요즘은 고교 3년간의 내신성적 누계로 대학 진학 여부가 결정되다 보니 시험에서 한 번 삐끗하면 목표대학을 포기해야 할 수도 있다. 이상과 현실은 점점 멀어지고 현실은 결코 돌이킬 수 없는 상황에 부딪히는 것이다. 그 단계에선 누구나 우울증에 시달리게 마련이다(하지현, 2012).

부정적 사고습관 때문에 한 번의 실수를 일반화시키는 청소년도 우울증에 취약하다. 부모와의 대화가 없어지고, 성적이 떨어지거나, 친구들에게 폭력을 휘두르는 등의 증세를 보인다. 등교거부나 학업성적의 부진, 공부를 게을리 하거나 사회적 문제행동, 약물남용을 하는 경우도 있다. 심한 경우에는 술과 담배를 손에 대거나 지나친 TV시청, 과도한 수면, 게임중독, 거식증과 폭식증으로 연결되기도 한다. 그래서 청소년기의 우울증을 '가면우울증' masked depression이라고 한다.

우울한 얼굴표정, 학교나 교회 및 여가 활동에 대한 흥미의 상실, 쉽게 짜증을 내고 신경질을 보임, 열등감이나 무가치감을 드러냄, 무기력이나 죄책감 등을 보이면 우울증을 예단할 수 있다. 불면증이나 식욕상실, 과식, 집중력의 어려움, 사회적 철수가 증상으로 나타날 수도 있다.

〈청소년 우울증 진단척도〉

나의 우울척도는? 나는 얼마나 행복한가?
문항의 보기 중 지난 2주 동안 자신에게 가장 적합하다고 생각되는 문장을 하나씩 만 골라 체크한 뒤 각 문항 점수를 합산해 총점을 구해보세요.

1.	나는 가끔 슬프다	0
	나는 자주 슬프다	1
	나는 항상 슬프다	2
2.	나에게 모든 일이 제대로 되어 갈 것이다	0
	나는 일이 제대로 되어갈지 확신할 수 없다	1
	나에게 제대로 되어 가는 일이란 없다	2
3.	나는 대체로 무슨 일이든 웬만큼 한다	0
	나는 잘 못하는 일이 많다	1
	나는 모든 일을 잘 못한다	2
4.	나는 재미있는 일들이 많다	0
	나는 재미있는 일들이 더러 있다	1
	나는 어떤 일도 전혀 재미가 없다	2
5.	나는 가끔 못된 행동을 한다	0
	나는 못된 행동을 할 때가 많다	1
	나는 언제나 못된 행동을 한다	2

6. 나는 가끔 나에게 나쁜 일이 일어나지 않을까 생각한다 0
나는 나에게 나쁜 일이 일어날까 걱정한다 1
나는 나에게 무서운 일이 일어나리라는 것을 확신한다 2

7. 나는 나 자신을 좋아한다 0
나는 나 자신을 좋아하지 않는다 1
나는 나 자신을 미워한다 2

8. 잘못되는 일은 보통 내 탓이 아니다 0
잘못되는 일은 내 탓인 것이 많다 1
잘못되는 일은 모두 내 탓이다 2

9. 나는 자살을 생각하지 않는다 0
나는 자살에 대하여 생각은 하지만 그렇게 하지는 않을 것이다 1
나는 자살하고 싶다 2

10. 나는 때때로 울고 싶은 기분이 든다 0
나는 울고 싶은 기분인 날도 많다 1
나는 매일 울고 싶은 기분이다 2

11. 간혹 이 일 저 일로 해서 성가실 때가 있다 0
이 일 저 일로 해서 성가실 때가 많다 1
이 일 저 일로 해서 늘 성가시다 2

12.	나는 사람들과 함께 있는 것이 좋다	0
	나는 사람들과 함께 있는 것이 싫을 때가 많다	1
	나는 사람들과 함께 있는 것을 전혀 원하지 않는다	2
13.	나는 쉽게 결정을 내린다	0
	나는 어떤 일에 대한 결정을 내리기가 어렵다	1
	나는 어떤 일에 대한 결정을 내릴 수가 없다	2
14.	나는 괜찮게 생겼다	0
	나는 못생긴 구석이 약간 있다	1
	나는 못생겼다	2
15.	나는 별로 어렵지 않게 학교공부를 해낼 수 있다	0
	나는 학교공부를 해내려면 많이 노력해야만 한다	1
	나는 학교공부를 해내려면 언제나 노력해야만 한다	2
16.	나는 잠을 잘 잔다	0
	나는 잠들기가 어려운 밤이 많다	1
	나는 매일 밤 잠들기가 어렵다	2
17.	나는 가끔 피곤하다	0
	나는 자주 피곤하다	1
	나는 언제나 피곤하다	2

18. 나는 밥맛이 좋다 0

나는 밥맛이 없을 때가 많다 1

나는 밥맛이 없을 때가 대부분이다 2

19. 나는 몸이 쑤시고 아프다든지 하는 것에 대해 걱정하지 않는다 0

나는 몸이 쑤시고 아픈 것에 대해 걱정할 때가 많다 1

나는 몸이 쑤시고 아픈 것에 대해 항상 걱정한다 2

20. 나는 외롭다고 느낀다 0

나는 자주 외롭다고 느낀다 1

나는 항상 외롭다고 느낀다 2

21. 나는 학교생활이 재미있을 때가 많다 0

나는 가끔씩 학교생활이 재미있다 1

나는 학교생활이 재미있었던 적이 없다 2

22. 나는 친구가 많다 0

나는 친구가 좀 있지만 더 있었으면 한다 1

나는 친구가 하나도 없다 2

23. 나의 학교성적은 괜찮다 0

나의 학교성적은 예전처럼 좋지는 않다 1

내가 예전에는 무척 잘하던 과목의 성적이 요즘 뚝 떨어졌다 2

24.	나는 다른 아이들처럼 착하다	0
	나는 마음만 먹으면 다른 아이들처럼 착할 수가 있다	1
	나는 절대로 다른 아이들처럼 착할 수가 없다	2
25.	분명히 나를 진심으로 좋아하는 사람이 있다	0
	나를 진심으로 좋아하는 사람이 있을지 확실하지 않다	1
	나를 진심으로 좋아하는 사람은 아무도 없다	2
26.	나는 누가 나에게 시킨 일을 대체로 한다	0
	나는 누가 나에게 시킨 일을 제대로 하지 않는다	1
	나는 누가 나에게 시킨 일을 절대로 하지 않는다	2
27.	나는 사람들과 사이좋게 지낸다	0
	나는 사람들과 잘 싸운다	1
	나는 사람들과 언제나 싸운다	2

해석지침 (점수범위 0~54점)

22~25점 : 약간 우울상태

26~28점 : 상당한 우울상태

29점 이상 : 심각한 우울상태

자료제공 : 서울특별시 소아청소년 정신보건센터

노년기 우울증

우울증은 노인(65세 이상)에게 있어서 드물지 않은 일상적인 병이라고 할 수 있다. 노인 우울증은 기분이 가라앉음, 절망감, 우울감 등 마음이 고통뿐 아니라 두통, 복통이나 위장 장애 등의 신체적 증상으로 나타나는 경우가 많다(쇼스케, 2000). 뇌의 노화에 따라 성격도 변하고 그 때문에 스트레스와 상실에 대응하는 힘이 약해져 우울증이 발병하기가 쉬운데, 체력의 저하뿐 아니라 가족이 죽거나 친구를 잃고 퇴직으로 인해 지위를 잃거나 경제적 안정을 잃게 된다. 상실은 누구나 겪는 것이지만 노인의 경우에는 상실감이 복합적으로 겹쳐서 타격이 크며 아무리 해도 대처할 수 없으면 우울증을 일으키게 되는 것이다.

노년기 우울증에서는 복통, 두통, 흉부통, 관절통을 호소하는 일이 많다. 본인은 '우울'이라는 말로 표현하지 않고 "어쩐지 컨디션이 나쁘다, 살아 있어도 소용이 없다, 나는 외톨이다, 나는 쓸모없는 인간이다, 허무하다, 나는 쓰레기 같은 인간이다, 나는 주위 사람들에게 잘못한 것이 많다" 등으로 표현한다.

한국인의 우울증

서양인이 울적해하고 의기소침하는 등의 전형적인 우울증상을 많이 보이지만, 한국인은 분노나 짜증이 가장 흔한 증상으로 전체의 약 50%를 차지한다. 나머지 30%는 초조나 불안감이며, 전형적 우울증상은 20% 정도에 불과하다(조선일보. 2010. 12.8.). DSM-IV의 진단체계에 따르면, 화병은 우울증과 신체화 장애 및 불안장애의 혼합으로 보인다. 화병은 대체로 만성적인 장애이며, 때로는 울화와 화기가 공존하면서 어느 한쪽이 우세하거나 번갈아 오기도 한다. 화병은 한국인의 문화특수 증후군으로 알려져 있다.

한국인의 우울은 한의 증상과 비슷한 면이 있다. 여성은 자신의 의견을 내세우기보다는 침묵해야 하고, 따라야 하며 희생해야 한다는 의식으로 억울함, 한스러움, 서러움이 자리잡아 우울 경향이 많다. 여성뿐 아니라 남성 또한 '잘 해야 한다', '약한 모습을 보이면 안된다'는 우월의식과 '시시콜콜한 것은 남에게 얘기하지 않는 것이 점잖은 것이다'는 의식이 팽배하여 혼자 우울해하는 경향이 있다. 특히 우리나라 사람의 25%가 경증 이상의 우울증세를 보이고 있다는 보고가 있다(전요섭, 2000).

유교의 가족주의는 한국사회의 가족구조를 떠받치는 틀이다. 개인의 의견을 존중하기보다는 가족 공동의 이익을 위해서 개인의 의견이 희생되기 쉬운 구조다. 억압적 유교적 가족구조는 여성들에게 많은 심리적 아픔을 주어왔다. 심리적 문제들에는 좌절감, 억압된 분노, 화병, 열등감, 거절감, 원망, 고착심리, 용서하기 어려움, 적절한 관계 맺기의 어려움, 강박적 행위, 거짓된 자아 등이다(김현진, 2007).

남성 우울증

일반적으로 여성은 자신의 우울한 감정을 느끼지만, 남성은 자신의 감정을 행동으로 표현하는 경향이 있다. 남성은 어떠한 연약함도 내보이고 싶어 하지 않는다. 그래서 많은 남성들은 자신의 우울증에 대해 침묵한다. 남자는 알코올, 화, 공격성, 짜증, 약물남용을 통하여 자신의 정서적 고통을 감춘다. 지나치게 적대적이고 짜증을 낸다. 상처를 받으면 공격적이 된다. 그는 문제해결을 통하여 우울증에 집중하려고 한다. 스포츠나 TV, 섹스로 관심을 돌린다. 강박적이 되고 시간에 철두철미하게 된다. 강한 남성적 이미지를 유지하려고 노력한다.

남성 우울증에서는 스트레스가 중요한 요인이다. 스트레스 대처 과정에서 코티졸이나 아드레날린 부족으로 우울증상이 나타나게 되는 것이다. 남성 우울증에도 슬픔, 울부짖음, 철수행동이 없는 것은 아니지만, 처음에는 신호가 뚜렷하지 않을 수가 있다. 대개 남성 우울증의 임상적 특징으로는 사납게 성질부리기, 짜증을 부리거나, 시무룩하거나, 뾰로통하거나, 과도하게 화를 내거나, 불안해하거나, 좌불안석하거나, 일에 몰두하거나, 다른 것에 주의를 분산하는 행동들이 지배적이다. 우울한 남성은 이런 신호를 간과하기 때문에 대부분 우울증으로 진단되지 않는다. 설사 남성은 우울증으로 진단된다 하더라도 치료를 거부하는 경향이 있다. 이런 경향은 통계적으로도 여성 우울증이 남성 우울증보다 두 배나 높게 나타나는 것에 영향을 주었을 것으로 여겨진다(Hart, 2006).

우울증이 정서적 고통을 유발하고 정신과 신체에 침투해 들어온다는 것은 남녀 모두 같지만, 겉으로 드러나는 우울증의 신호는 남녀 간에 명백한 차이가 있다.

여성 우울증

여성이 왜 남성보다 우울증에 걸리는 확률이 더 높은가 ?

20세기 전반에 걸쳐 우울증은 남자보다는 여자를 더 자주 공격한다는 사실이 수많은 연구를 통해 확인되었다. 그 비율은 2대 1의 수준이다(여성 21.3%; 남성 12.7%). 통계는 남성의 두 배에 해당하는 여성이 우울증을 앓고 있음을 일관되게 보여주고 있다. 주요우울증상의 발생빈도는 여성이 10~20%이고 남성은 여성의 반 정도 수준이다.

우울증의 유병률이 여성이 남성보다 높은 현상에 대하여 여러 가지 설명이 제기되고 있다. 혹시 그것은 여성이 남성보다 치료에 더 적극적이어서 통계자료상에 더 자주 등장하기 때문일까? 여성들이 자신의 문제를 드러내놓고 이야기하려는 경향이 더 강하기 때문일까? 여성의 직업이 더 열등하고 남자보다 보수가 더 적은 탓일까? 어떤 종류의 생물학적 차이 때문일까? 유전적인 차이 때문일까? 성 역할의 부담 때문일까? 긍정심리학자 셀리그만은 이러한 질문에 모두 아니라고 답하면서, 여성이 남성보다 더 우울한 이유를 세 가지로 요약하였다.

여성들은 학습된 무기력을 갖고 있다. 우리 사회에서 여성들은 평생 동안 상당한 양의 무기력을 경험하는 것으로 여겨진다. 목회상담자 김예식(1998)은 여성이 우울증에 더 민감한 원인을 사회문화적 배경에서 찾고 있다. 첫째는 가부장적 가족질서에 원인이 있다. 여성은 의존적 관계 속에서, 자립할 수 없는데다, 남자에게 지배당하며, 개인적인 포부를 가질 수 없다. 김예식은 유교적 여성관과 성차별이 한국여성의 우울증과 화병의 원인이라고 지적하고 있다. 유교의 수직윤리는 차별과 구별의 윤리로서, 남자는 지배자며 강건하고 존귀한 존재이며, 여성은 복종자며 유약하고 비천한 존재로 규정하고 있다. '유독 여자와 소인배는 다루기 어렵다. 조금만 가까이하면 공손치 않고, 조금만 멀리하면 원망하게 된다.'(논어, p. 436) 남녀를 상과 하의 서열로 갈라놓는 가부장적 사회구조는 여성에게 절망감을 느끼게 간들었다. 이시형은 화병을 분노에 대한 반응으로 보고 있는데, 40세 이상에 많고 성별로 보면 여성이 77%로 남성(23%)보다 3배가 많으며, 주로 사회, 경제, 학력 수준이 낮은 계층에 많다고 보고했다.

한국 여성의 우울증은 전통사회의 유교적 규범과 가족관계에서 오는 남성중심사회의 잔재인 남녀불평등의 피해이며, 과중한 가사노동과 남성상위 문화에 기인하는 자존감의 추락에도 원인이 있다고 본다. 과거의 시집살이는 육체적인 것이었으나 최근의 시집살이는 가풍과 문화적 격차에서 오며, 가족문화의 차이에서 오는 정서적 갈등이 심화될수록 불안과 우울증은 깊어진다. 서종남(2003)이 지적한 것처럼, 우리나라 여성의 우울증은 대부분 고부갈등에서 파생된다. 가부장제도에서 고부갈등의 원인은 가족 내의 수직적 인간관계에서 며느리에 대한 예속성, 상하 복종관계 제시 그리고 밀착된 모자관계에서 온다. 시모와 주부 우울증은 대부분 고부간의 심리적 갈등에서 비롯되며, 시댁과 친정 상호간의 심리적 갈등이 원인이 되고 있다.

여성의 반추하는 성향과 관련이 있다. 문제가 생길 때 남자는 행동하는 반면, 여자는 생각에 잠기는 성향이 있다. 남자는 우울증 상태에서 주의력이 분산적인 활동을 하는 반면, 여자는 우울 증상에 더 예민하게 집착하기 때문에 여성의 유병률이 더 높다는 것이다. 여성들은 우울증이 오면 이 우울증이 어디서 오는가를 생각하려 하는 반면, 남자들은 농구를 하거나 일에 몰두함으로써 주의를 딴 데로 돌린다. 남자는 술을 마시고, 여자는 우울증에 걸린다는 말도 있다.

마른 몸매를 추구하는 현상과도 관련이 있다. 우리 사회의 여성들은 남성들이 생각하는 것보다 아주 마른 몸매가 아름답다는 생각에 훨씬 강한 지배를 받는다. 당신이 이 이상에 도달하기 위해 다이어트를 하는 여성이라면 이미 우울증 후보 등록을 마친 셈이다. 당신은 95%의 여성들처럼 빼낸 군살이 다시 붙지 않게 하는 데 실패하거나, 아니면 감량에 성공하더라도 걸어다니는 무식욕증 환자가 되어 계속 굶주리다가 굶주림의 주요 부작용 중 하나인 우울증의 포로가 될 것이다(셀리그만, p.187).

학자들 중에는 여성 호르몬 불균형이나 남성 우울증의 알코올 중독증과의 공존발병comorbidity 등을 그 원인으로 설명하는 이들이 있다. 왜냐하면, 남성 우울증은 종종 알코올 중독이나 반사회적 인격장애 등으로 분류되기 쉽기 때문이다. 반면에 문화적, 환경적 영향으로 인해 여성들은 주요우울장애, 신체화장애, 강박충동장애에서 현저히 높은 발병률을 보이고 있다(강천구, 2009).

우울증에 대한 반응방식에도 성별의 차이가 있다는 주장도 있다. 게다가 여성은 또한 월경이 시작되기 며칠 전에 우울증상이 나타나는 것과 산후우울증도 무시할 수 없는 요인이라 하겠다.

결혼생활이 불행하면 여성은 우울증에 취약하다고 본다. 우울한 사람의 절반 정도가 결혼갈등을 겪고 있고, 부부불화를 겪고 있는 사람들의 절반 정도가 우울증을 호소하고 있다(Beach, 1997). 남편이 비판하고, 무시하고, 잔소리를 많이 한다. 아내에게 관심이 없다. 말을 하면 들어주지를 않는다. 사회적 지지 및 친밀감에 대한 욕구가 강한 여성은 연결감의 부족으로 인해 우울증에 빠질 수 있다. 이혼율이 증가하면서 더 많은 여성이 자녀의 생계를 책임지는 입장이 되었으며, 더 많은 역할을 수행해야 하는 스트레스는 생리적, 정서적 붕괴현상으로 그 부작용을 낳고 있다.

자기존중감의 결여는 우울증을 일으키는 근본 요소이다. 기독교 심리학자 제임스 돕슨James Dobson은 우울증을 초래하는 원인 열 가지를 나열한 뒤, 비교적 행복하게 살아가고 있는 기혼여성들에게 우울증에 가장 큰 영향을 미치는 것부터 순서대로 나열해 보라고 하였다. 그가 열거한 우울증의 열 가지 원인은 다음과 같다. ①사랑이 결핍된 결혼생활 ②시댁식구들과의 갈등 ③자기를 비하함 ④자녀들 문제 ⑤경제적 곤란 ⑥고독감, 격리감, 지루함 ⑦성생활의 문제 ⑧몸의 아픔 ⑨피로감과 시간에 쫓기는 삶 ⑩나이를 먹는 것.

이상의 열 가지 원인 중에서 가장 많은 사람들이 꼽은 것은 자기 비하감, 즉 낮은 자존감이었다. 비교적 건강하고 행복하게 살아가는 여성들에게는 우울증에 빠지게 만들고 비참함과 좌절감 속에 살게 하는 것은 무엇보다 낮은 자존감이었다(Seamands, pp. 66~67).

마지막으로, 어린 시절의 해결되지 않은 문제를 가지고 결혼을 했기 때문이다. 어린 시절에 신체적 학대를 당했거나 근친상간과 같은 외상이 있었을 경우, 여성이 우울증에 더 취약하다는 주장이다. 지나친 관심의 대상으로 혹은 무관심의 대상으로 버려진 가운데 성장할 경우 과거의 상처로 인한 분노, 수치심, 죄책감, 원한감정이 우울증의 원인이 될 수도 있다.

V
우울증 치료와 예방

지금 이 순간 당신에겐 우울증이 나을 것이라는 희망이 거의 없을 것이다. 부정적이고 비관적인 생각이 머리를 떠나지 않을 것이고, 온 세상이 암울하기 그지없으며, 아무리 애를 써도 예전으로 돌아갈 수 없으리라는 절망감 때문에 괴로울 것이다. 따라서 무엇보다도 용기와 희망을 되찾는 것이 시급하다. 그래서 심리치료사 롤프 메르클레(Rolf Merkle, 2010)는 아래의 '희망적인 생각'을 거듭 읽어보라고 권하고 있다.

"다 잘 될 거야. 지금은 절대 못할 것 같고 다 소용 없어 보여도 난 슬픔을 이길 수 있어. 구름 뒤엔 태양이 빛나고 있어. 언젠간 태양이 다시 나타나 구름을 몰아내지. 나한테도 태양은 다시 빛날 거야. 그때까지 참고 기다리며 잘 살아보는 거야. 최선을 다해 조금씩 앞으로 나아가는 거야."

"난 이 감옥에서 탈출할 능력과 힘이 있어. 다시 행복한 날이 올 거야. 지금 이 순간은 마음이 울적하고 불안과 근심 걱정 때문에 사는 게 너무 힘들어. 이해해. 하지만 언젠간 끝날 거야. 난 이 우울증을 이겨낼 수 있고, 이겨낼 거야. 언젠간 다시 예전처럼 걱정 없이 자유롭게 살 수 있을 거야. 겨울이 가면 봄이 오는 법, 때가 되면 내 마음에도 새 날이 찾아올 거야."

스스로 우울증을 치료하는 방법이 있는가 ?

우울증은 환자 본인을 지치고 무기력하게 만들며 소망을 잃게 만든다. 그러한 부정적 생각과 느낌들이 어떤 사람에게는 스스로 포기하게 만들기도 한다. 이런 부정적 성향이 우울증의 한 부분이며, 당신이 우울증에 걸렸을 경우 자신의 상황을 잘 지각하지 못하게 된다는 것을 인식하는 것이 중요하다. 부정적 생각은 치료효과를 감소시킨다. 따라서 스스로를 치료하기 위해서는

- 어려운 목표를 세우지 말고 많은 책임을 떠맡지 않도록 하라.
- 큰 일을 작은 일로 세분화시켜 우선적으로 중요한 것을 정하고 당신이 할 수 있는 것부터 하라.
- 자신에게 너무 많은 것을 기대하지 말라. 이런 기대는 실패감을 증가시킬 뿐이다.

- 자기를 개발시키는 활동에 참가하도록 하라. 쉬운 운동을 하고, 영화관에도 가고, 구기운동, 신앙 및 교회봉사 활동에 참여하도록 하라. 자신의 기분이 당장에 개선되지 않더라도 과로하거나 실망하지 말라. 건강한 기분을 갖는 데는 시간이 걸린다.
- 당신을 잘 알고 당신의 상황에 보다 객관적인 견해를 갖는 사람과의 신중한 상담 없이 함부로 휴학이나 자퇴, 결혼이나 직장을 바꾸는 생활에서의 중요한 결정을 혼자 하지 말라. 어떤 경우에는 당신의 우울증이 나을 때까지 중요한 결정을 미루는 것이 현명하다.
- 자신의 우울증이 갑자기 좋아질 것을 기대하지 말라. 타인들이 당신의 우울증을 완전히 바꾸지는 못한다. 자신이 할 수 있는 한 최선을 다하라. 그리고 별 것이 아닌 것 때문에 자신을 비난하지 않도록 하라.
- 자신의 부정적인 생각을 수용하지 말도록 하라. 예레미야 29:11와 같은 말씀을 암송하고 부정적인 생각이 떠오를 때는 '고무줄 요법'을 사용하도록 해보라. 좋지 않은 생각이 떠오를 때마다 손목에 묶어 놓은 고무줄을 당겼다가 놓는 간단한 방법이다. 손목이 좀 아프긴 해도 우울한 생각을 하는 횟수도 줄어들고 우울감도 감소할 것이다(홍성남, 2011).

어떻게 우울증을 치료할 수 있는가?

우울증을 예방하며 치유할 수 있는 방법에는 어떤 것이 있는가? 우울증에 여러 가지 원인이 있는 것처럼 치유하는 방법도 간단하지가 않다. 우울증 극복에 도움이 되는 것들에는 균형적인 식단, 운동, 이완과 휴식부터, 대화, 글쓰기, 약물치료, 삶에 대한 재인식(인지적 재구성), 긍정적 감정 등 다양한 방법이 있다.

우울한 사람들은 적극적으로 치료를 위한 노력을 기울이지 않는 경향이 있다. 이들은 자기 자신에 대한 자신감을 상실하게 되고 미래에 대해서도 비관적인 태도를 갖게 되기 때문에, 우울증을 이겨내기 위한 적극적 노력을 기울이기 어렵다. 뿐만 아니라 주변 사람들에 대해서도 회피적이고 철회적인 태도를 취하기 때문에 타인의 도움을 얻고자 하는 노력을 기울이지 않는 경우가 많다.

먼저 환자는 우울증이란 많은 사람들이 경험하는 매우 흔한 심리적 문제라는 점을 인식해야 한다. 우울증은 약 40% 이상의 사람들이 평생 한 번 이상 경험하게 되는 매우 흔한 문제이다. 사실 대부분의 사람들은 삶 속에서 여러 가지 좌절을 경험하게 되며 일시적으로나마 우울증을 경험한다. 먼저 자신의 문제를 인정하고 직시하는 자세가 필요하다.

당신은 외톨이가 아니다. 당신과 똑같은 증상으로 시달리는 사람이 적어도 수백만 명에 달하기 때문이다. 정신적인 병이나 고통을 갖고 있는 사람은 우리 주위에 의외로 많다. 애석한 일은 치료를 받아야 할 사람 가운데 겨우 10%밖에 치료를 받고 있지 않다는 사실이다.

우울한 사람들은 자신의 상태에 대하여 비관적인 생각을 갖는 경향이 있다. 예를 들면 '우울증은 유전에 의한 것이므로 치료될 수 없다', '우울증은 나의 열등한 능력과 잘못된 성격 때문이다. 능력과 성격은 쉽게 변화되지 않는다. 우울증은 나의 열악한 상황 때문이다. 따라서 이러한 상황의 변화가 없는 한 나의 우울증은 치유될 수 없다' 는 등의 비관적인 생각을 지니게 된다. 이러한 생각은 대부분 잘못된 것이다.

우울증은 어떤 사건이 계기가 되어 유발되고 악화된다는 사실이 반드시 성격과 능력만의 문제는 아니다. 열악한 상황이 우울증을 유발할 수 있지만, 상황자체보다는 상황에 대처하는 개인의 자세가 더 중요하다.

우울증 치료를 위한 통합적 접근 : 가장 효과적인 치료방법들

놀랍게도 우울증에 아주 효과적인 치료방법들이 존재하는데도 실제로 치료를 받는 우울증 환자는 많지 않다. 나는 당신이 우울증에 시달리고 있다면 효과적인 치료들 중에서 하나를 받아볼 것을 강력하게 권고한다. 연세대 최의헌 원장이나 이성훈 박사 같은 크리스천 정신과의사를 추천하지만 일반 정신과의사들도 찾아가볼 것을 권하고 싶다.

우울증 치료에는 여러 접근이 있지만, 치료의 큰 틀은 약물치료와 심리치료 두 가지이다. 기분장애 환자의 치료는 다양한 상담과 치료의 병합이 필요할 때가 많다. 약물치료는 물론 개인적 심리치료와 가족치료도 필요하다.

약물치료

일반적으로 우울증 치료를 위해서는 항우울제 약물치료가 중요하다고 설명되고 있다. 항우울제를 통해 우울증 환자의 70~80%가 증상적 차도를 보이는 것으로 나타나고 있다. 그러나 약물치료의 경우, 우울증은 반복되어 병상이 지속되거나 빈발하는 경우가 68%가 넘는다는 연구결과가 있다(쇼스케, 2000).

약물치료는 우울증에 대한 가장 대표적인 물리적 치료법이라고 할 수 있다. 중증 우울증의 경우 보통 심리치료와 더불어 항우울제를 처방한다. 프로작이 가장 널리 알려져 있지만 그밖에도 다른 여러 종류가 있다. 항우울제는 종류가 다양하고 진정제와 달리 중독이 되지 않는다. 우울증을 치료하는 대표적인 약물은 삼환계 항우울제, MAO 억제제, 세로토닌 재흡수 억제제이다. 항우울제의 효과는 복용 후 2-4주 정도 지나야 나타난다. 약물치료는 반드시 심리치료와 병행하는 것이 바람직하다.

국립정신건강연구소는 약물치료에 대해 다음과 같은 결론을 내리고 있다(2000)

경미한 형태의 우울증의 경우 심리치료만으로 좋아질 수 있다. 보통이나 심한 우울증을 앓고 있는 환자들은 항우울제를 복용함으로 큰 혜택을 얻는다. 최근의 항우울제는 습관성도 없고 부작용도 거의 없는 것으로 밝혀지고 있다. 대부분의 환자는 두 가지 치료를 함께 받을 때 가장 좋은 효과를 본다. 약물치료는 비교적 짧은 시간에 증상완화를 가져다주며, 심리치료(특히 인지행동치료)는 인생의 문제에 보다 효과적으로 대처하는 더 효과적인 방법을 배울 수 있게 도와준다.

생리학적 돌봄

수면, 운동, 약물치료(항우울제)와 함께 상담치료를 병행해야 한다. 우울증은 스스로 좋아질 때까지 기다리기엔 부차적인 문제가 워낙 많이 생기기 때문에 반드시 신경정신과를 찾아 약물치료를 받아야 한다. 보다 널리 사용되고 있는 약물로는 Prozac과 Zoloft가 있다. 식욕, 수면과 같은 생리적 현상에서 규칙성이 회복되고 잡생각이 줄어든 후에 상담을 받는 것이 좋다.

당신은 분수에 맞는 생활을 하고 있는가? 당신은 신체적인 면이나 감정적인 면, 또한 영적인 면에 모두 한계를 가진 사람이다. 당신은 충분한 수면을 취하고 있는가? 주님을 위해 헌신한 사역자들 가운데 자연법칙을 어기면서까지 과로하는 이들이 있다. 이들은 항상 피곤한 상태에서 탈진이나 병적 우울증에 시달릴 수 있다. 적절한 휴식의 필요성에 대해서는 폴 투르니에와 필자(2011)가 공저한 책 『현대인의 피로와 휴식』(진흥)을 참고하기 바란다.

우울증의 치료를 위해서는 새로운 생활습관을 체계화시켜야 한다. 의사들은 세끼 식사와 운동, 충분한 수면, 당분과 알코올의 섭취를 금하고, 햇볕이나 인공광선에서 하루에 한 시간씩 시간을 보낼 것을 권장한다.

우울증의 원인이 여러 가지이며 복합적일 수 있기 때문에 외래 진료나 입원치료가 필요할 때가 있다. 특히 우울증 증상을 경감시키는 데 효과적인 많은 항우울제가 개발되어 있으므로 약을 처방받아 복용하는 것도 중요한 일이다. 우울증 약을 복용하는 것에 대해 수치심을 느낄 필요가 없다. 산후 우울증이나 폐경기 우울증과 같이 생화학적 원인에서 비롯되는 우울증은 호르몬제의 복용으로 쉽게 치료할 수 있는데, 믿음으로 치료하겠다고 버티는 분을 보면 여간 안타까운 것이 아니다.

목회상담자 씨맨즈(Seamands, 1986)는 "당신은 음식을 골고루 규칙적으로 먹고 있는가?"라고 묻고 있다. 과식이나 불규칙적인 식습관이 우울증을 유발할 수도 있다. 그리스도인들 중에는 항상 자신의 육체적 생활을 소홀히 하면서 자기 자신이 우울증에 빠지는 이유를 찾아내지 못하고 방황하는 사람들이 있다. 신체상의 이유로 우울증에 걸리는 경우가 있다. 월경주기에 따른 호르몬 변화, 일조량의 부족(특히 겨울철에), 약물 부작용, 신경전달물질의 비정상적 기능 등이 원인이 되어 우울증상이 나타날 수 있으므로 정확한 신체검진이 필요하다.

비활동성 다루기

사소한 일부터 가족활동과 오락적 활동을 시도하게 한다. 정기적인 휴식과 재충전의 시간을 갖는 것이 중요하다. 휴식을 취하지 않는 삶은 에너지 고갈을 가져오며, 이는 우울과 탈진으로 이어질 가능성이 높다. 휴식과 놀이 활동은 우울과 외로움 수준을 감소시킬 뿐 아니라 나이가 들어감에 따라 생기는 위축감에 대한 대처능력을 강화시켜주고 그것에 도전하게 해준다(조선일보. 2010. 11.16).

식상한 일상의 삶에 변화를 주고 업무 부담을 줄이고, 휴가, 지원그

룹에 참여하도록 유도한다. 외로움은 암이나 나병보다 더 극심한 고통을 초래할 수 있다(Mother Teresa).

환경다루기

대인관계 심리치료는 발병 당시의 환경의 변화를 ①중요한 인물이 죽어서 애도과정을 거치게 되는 경우 ②대인관계에 분쟁이 있는 경우 ③역할의 변동이 있는 경우 그리고 ④대인관계가 결핍된 경우 등 네 가지 영역으로 나누어서 다룬다.

우울증 치료를 위해서는 반드시 대화상대가 필요하다. 당신을 진정으로 이해해주는 누군가를 찾게 되면 상상 이상의 위안이 된다. "상담과 심리치료"가 도움이 되는 이유도 그래서일지 모른다. 타인과의 깊은 관계 형성은 치유효과가 있다. 혼자만의 우울증 극복도 가능하겠지만, 대화상대가 있다면 우울증 극복은 훨씬 더 수월해진다.

심리치료

인생을 잘 사느냐, 문제가 생겼을 때 얼마나 잘 대처하느냐는 무엇보다 살아가는 동안 각종 문제를 맞닥뜨렸을 때 이를 해결할 수 있는 정신적, 심리적 대응전략을 얼마나 잘 갖추고 있는가에 달렸다. 대부분의 우울증은 대응전략이 부족하기 때문에 발생한다.

우울증을 치료하기 위한 상담심리적 접근에는 정신분석적 접근, 인지치료적 접근, 행동요법적 접근, 대인관계적 치료 등 다양한 접근 방식이 있다.

정신분석적 접근. 우울증은 자신을 버리고 떠나간 대상에 대한 분노의 감정이 자신에게도 내향화된 결과로 본다. 프로이트에 따르면, 사별이든 이혼이든 아이들에게 가장 흔한 분리나 애정의 철회로 인한 것이든, 사랑하는 사람을 상실하게 되면 이 애도자는 우선 상실된 애정대상을 내사시킨다고 한다. 사랑하던 대상의 무의식적 상실에 대한 반응이 우울증이라고 보았다. 사랑하는 대상의 상실은 실제 일어난 일일 수도 있고 상상 속에서 또는 상징적으로 일어난 일일 수도 있다. 어떤 경우든 사랑하는 대상을 상실하게 되면 자신의 중요한 일부가 상실되었다는 슬픔뿐 아니라 자신을 버려두고 떠나간 대상에 대한 분노를 느끼게 된다. 이렇게 분노가 자기 자신에게로 내향화되면 자기비난, 자기책망, 죄책감으로 인해 자기가치감의 손상과 더불어 자기기능이 약화되고, 그 결과 우울증이 나타나게 된다. 이러한 과정은 무의식적으로 진행되기 때문에 당사자에게는 자각되지 않는다.

인간의 기억을 흔히 외현기억explicit memory과 암묵기억implicit memory으로 분류한다. 외현기억은 사람의 의식으르 떠올릴 수 있는 기억이다. 과거의 경험을 기억하거나episodic memory 시험볼 때 책의 내용을 기억하는 것semantic memory이 이에 해당한다. 암묵기억에는 고전적 조건화classical conditioning에 의해 의식과 상관없이 자동적인 신체의 반응을 일으키는 형태로나, 운동기능이나 습관과 같이 자연스럽게 습득되는 절차기억procedural memory, 그리고 이미 장기기억 형태로 기억돼 있던 정보가 어떤 자극이나 촉발에 의해서 무의식의 세계에 영향을 주는 경우priming이다. 이런 암묵기억은 자기, 자아정체성, 성격, 나아가 영성의 형성과정을 이해하는 데 중요한 통찰을 줄 수 있다. 심리적 질병의 형성과정을 설명함에 있어서 초기의 원초적 관계에서의 외상적 경험이 대부분 암묵적 기억이나 무의식의 형태로 체화embodiment해가며 자기를 형성해 간다고 보는 것이다(강천구, 2009).

스트레스 취약성 모델에 따르면, 내면화된 분노는 애도작업 중에 의존적 성격의 소유자에게는 보다 더 발전하여 자기비난, 자기-모욕 및 우울증으로 발전될 수 있다. 많은 증거는 우울증이 스트레스성 생활사건에 의해 촉진되며, 이러한 사건 중에는 종종 이혼이나 해고와 같은 상실경험이 유발인자로 작용하고 있음을 보여주고 있다. 치료과정에서 수동적이고 체념적 태도를 보이는 내담자에게 특별한 민감성을 보여야 한다. 인내심 있는 경청이 필요하다. 상담자는 분노, 상처, 부정적 사고, 낮은 자존감, 죄책감의 증거를 관찰한다.

인지행동치료(합리정서적 상담). 인지치료를 제창한 아론 벡Aaron Beck은 우울증을 내면화된 분노로 보지 않고 '사고의 장애'thought disorder로 보았다. 즉 우울한 생각이 우울한 기분을 낳는다고 본다. 인지치료는 인간의 감정과 행동이 인지(생각과 믿음)에 의해 매개된다는 기본 가정에 기초하여, 우울한 사람들이 가지고 있는 부정적이고 왜곡된 인지를 찾아 변화시키는 데 관심을 갖는다. 현재 인지치료는 우울증을 치료하는 가장 대표적인 심리치료법으로 알려져 있다.

긍정적 사고와 부정적 사고의 비율은 우리의 삶에 중요한 의미를 지닌다. 긍정적 사고는 우리에게 낙관적 기대와 더불어 의욕과 활기를 불어넣는 삶의 추진기인 반면, 부정적 사고는 비관적 기대와 더불어 삶의 폭과 속도를 감소시키는 삶의 제동기라 할 수 있다. 자동차에는 추진기와 제동기가 모두 필요하듯이, 우리의 삶에도 긍정적 사고와 부정적 사고가 모두 필요하다. 당신은 평소 어떤 성향을 지니고 있는가?

평소 당신의 모습을 돌아보고 당신에게 해당되는 진술마다 ☑ 표시를 하고 두 영역에서 표시한 문항 수를 더해보자Ed Diener.

부정적인 생각

☐ 다른 사람들의 실수를 금방 알아차린다
☐ 종종 다른 사람들한테서 결점을 발견한다
☐ 내가 속한 공동체가 문제로 가득 차 있다고 생각한다
☐ 자신을 생각할 때 많은 단점이 떠오른다
☐ 누군가가 어떤 일을 해주면 그 사람의 저의가 무엇일까 의심한다
☐ 좋은 일이 생기면 그보다 더 나은 결과가 나올 수도 있지 않았을까 의심한다
☐ 다른 사람들이 잘되면 자신이 한심하다는 생각이 든다
☐ 자신을 다른 사람들과 종종 비교한다
☐ 종종 내가 놓쳤던 기회들을 떠올리곤 한다
☐ 지나간 여러 가지 일을 후회한다
☐ 과거를 생각할 때면 어떤 이유에서인지 나쁜 일만 두드러진다
☐ 나쁜 일이 생기면 오랫동안 그것을 곱씹는다
☐ 대부분의 사람은 조그만 틈만 보여도 나를 이용할 것이다

긍정적인 생각

□ 주위에서 아름다운 것을 많이 본다

□ 대부분의 사람한테서 선함을 본다

□ 다른 사람들의 좋은 점을 믿는다

□ 자신에게 많은 장점이 있다고 생각한다

□ 나쁜 일이 일어나면 '먹구름의 밝은 가장자리', 나쁜 사건 속에서 무엇인가 좋은 것을 종종 찾아낸다

□ 가끔 자신이 운이 좋았다고 생각한다

□ 즐거웠던 지난날의 기억을 음미한다

□ 낯선 사람을 포함해서 다른 사람들이 잘되는 것을 보면 기쁘다

□ 다른 사람들이 하는 사소하지만 좋은 일들을 알아본다

□ 세상에 심각한 문제가 많다는 것을 알지만 그래도 살 만한 곳이라고 생각한다

□ 세상에서 많은 기회를 본다

□ 미래에 대해 상당히 낙관적이다

부정적인 생각	긍정적인 생각
낮음 1~4	낮음 1~4
중간 5~9	중간 5~9
높음 0~14	높음 0~14

비관적인 생각을 하면 기분도 우울해진다. 계속 우울하고 비관적인 생각을 하면 어쩔 수 없이 기분도 나빠진다. 반대로 희망적이고 긍정적인 생각을 하면 기분도 덩달아 좋아진다.

낙관적 사고는 훈련을 통해 강화될 수 있다

위의 설문에서도 확인한 것처럼, 어떤 이는 장미꽃에 가시가 있다고 하나님께 불평하나 어떤 이는 가시에 장미꽃이 있다고 하나님께 감사한다. 컵에 물이 반밖에 없다고 낙심할 수도 있고, 컵에 물이 반이나 남았다고 좋아할 수도 있다. 잘 알려진 이야기지만, 철창 안에 갇힌 두 사람이 창살을 통해 밖을 내다보았다고 한다. 한 사람은 바닥의 진흙을, 한 사람은 하늘의 별을 보았다. 똑같은 조건하에서 낙관주의자가 될 수도 있고, 비관주의자가 될 수도 있다는 말이다.

낙천주의자는 어떤 나쁜 일에서도 좋은 점을 발견하며, 비관주의자는 어떤 좋은 일에서도 나쁜 점을 발견한다. 가족치료의 대가 버지니아 사티어Virginia Satir는 " '인생은 이래야 한다' 는 법은 없다. 지금 이대로가 인생이다. 문제는 이 인생을 어떻게 다루어가느냐에 달렸다"고 했다. 사람은 자신의 생각을 바꿈으로 자기 인생을 바꿀 수 있다. 행복은 환경에 달렸다기보다 주어진 환경을 어떻게 바라보느냐에 달렸다 (조정래, 2012).

영국의 작가 제임스 알렌James Allen은 "좋은 생각은 좋은 열매를, 나쁜 생각은 나쁜 열매를 맺는다"고 했다. 해가 비치지 않으면, 꽃들을 위해 비가 필요하겠거니 생각하라. 차가 고장 났다면, 걸어다니는 것이

건강에도 좋겠구나 생각하라. 꼴등으로 골인 했다면, 어쨌거나 완주했구나 생각하라. 어떤 환경에서나 좋은 점을 발견하는 사람은 정신건강이 좋은 사람이다. 정신적으로 건강하여 세상에 어떤 일이 일어나든 긍정적으로, 낙관적으로 생각하는 사람은 우울증에 걸리지 않는다.

우울증의 인지이론에 따르면 우울증은 부정적 자동적 사고, 인지적 오류, 역기능적 신념 등의 인지적 요인에 의해서 생겨나고 유지된다. 인지치료는 우울증을 유발하는 이러한 인지적 요인을 찾아내 변화시킴으로써 우울증을 치료하는 방법이다. 우울한 사람이 실패, 패배, 상실, 무력감에 대해 생각하는 방식을 의식적으로 바꾸도록 돕는 접근이다.

아론 벡(Aaron Beck, 1987)과 알버트 엘리스Albert Ellis의 이론에 의하면 우울한 사람들은 부모와의 이별, 끊임없는 비극의 연속, 동료의 사회적 배척, 교사의 힐난, 보모의 우울한 태도를 통하여 부정적인 도식schema, 세계를 부정적으로 보는 경향성을 소아청소년기에 획득한다고 한다. 우울한 사람들이 획득한 부정적 도식이나 신념은 이와 비슷한 새로운 상황, 도식을 학습했던 조건을 접할 때마다 활성화된다. 부정적 도식은 부정적 인지삼제negative triad, 자기 자신과 이 세상, 그리고 미래에 대한 비관적 관점으로 이어진다.

알버트 반두라Albert Bandura에 의하면 인간은 자기가 선정한 기대에 스스로 자신의 행동을 맞추어가는 자기이행적 예언self-fulfilling prophecy 경향이 있다고 한다. 자신이 '실패자'라고 규정하는 사람은 미래의 상황에서도 자신이 실패자로 행동할 것이라고 예측하며, 따라서 실제생활에서 실패자처럼 행동하게 될 수 있다는 것이다.

인지치료는 따라서 내담자가 자기 자신과 삶에 대해서 보다 더 현실적이고 유연한 태도를 갖도록 유도하여 인생의 좌절을 유연하게 극복하고 현실에 더 효과적으로 적응할 수 있는 지혜롭고 현명한 사람이 되도록 돕는 것을 목표로 하고 있다.

생활사건 → (인지적 오류 + 자동적 사고 + 역기능적 신념) → 우울증상

인지치료의 기본원리는 내담자와 치료자의 협력적인 관계 속에서 내담자를 우울하게 만드는 부정적 사고와 역기능적 신념을 함께 찾아내어, 그러한 사고의 정당성을 평가하고 보다 현실적이고 합리적인 사고로 대체하는 것이다. 치료과정을 좀 더 자세히 설명하면 다음과 같다.

먼저, 치료 초기에는 내담자를 우울하게 만드는 환경적 생활사건과 부정적인 자동적 사고를 함께 탐색하고 조사한다. 이러한 탐색을 통해 내담자가 현재 생활 속에서 경험하는 사건들의 의미를 어떻게 어떤 내용으로 해석하여 파악하고 있는지를 구체적으로 살펴보게 된다. 아울러 이러한 해석내용이 내담자의 우울증상과 어떻게 관련되어 있는지를 논의한다.

부정적 생활사건이란 개인에게 심각한 심리적 충격을 줄 수 있는 부정적 사건을 의미하는데, 가족의 사망과 질병, 가정생활, 실직, 이혼, 업무부진이나 학업부진 등과 같은 주요한 생활사건뿐 아니라 일상생활 속에서 자주 경험하는 사소한 생활사건(예: 친구나 가족들과의 다툼, 다른 사람들로부터의 비판)과 사회적 지지의 부족(예: 가족들로부터의 분리, 집단에서의 소외, 경제적 궁핍) 등도 포함된다.

A-B-C공식. 우리는 보통 A라는 생활사건이 C라는 결과를 낳는다고 생각한다. 사건은(감정적, 생리적, 행동적) 반응을 낳는다고 생각하는 성향이 있다. 실제로, 올바른 사고방식은 B를 통하여 여과된 A가 C라는 결과를 낳는다는 것이다. A사건(좋거나 나쁜–시련, 스트레스 요인, 상실)은 우리 신념체계 B를 통하여 (감정적, 생리적, 행동적) 반응을 낳는다.

감정의 ABC는 다음과 같다.

A 상황 : 무슨 일이 일어났나?

B 생각 : 그 상황에 대해 나는 무슨 생각을 하나?(어떻게 해석하는가?)

C 기분과 행동 : 나는 어떤 기분이 들고 어떻게 행동하나?

의미요법의 창시자 빅터 프랭클Victor Frankl은 일찍이 말한 바 있다. "자극과 반응 사이에는 빈 공간이 있다. 그 공간에 우리의 반응을 선택하는 자유와 힘이 있다. 그 반응에 우리의 성장과 행복이 달려 있다."

사건과 행동 사이의 부정적 생각을 찾아내는 가장 좋은 방법은 A-B-C 공식의 틀, '생활사건 → 부정적 생각 → 우울한 기분' 의 분석틀 속에서 최근의 특히 우울했던 상황이나 사건과 우울한 기분을 연결시킨 부정적 생각이 무엇인지를 찾아보는 것이다.

둘째 단계에서는 환경적 생활사건에 대한 내담자의 해석내용, 부정적인 자동적 사고의 현실적 타당성을 함께 따져본다. 생활사건의 사실적 자료에 근거하여 부정적 사고내용의 객관성, 논리성, 유용성 등을 다양한 각도에서 살펴본다. 아울러 인지적 오류의 개입가능성을 논의한다.

세 번째 단계에서는 생활사건에 대한 보다 객관적이고 타당한 대안적 해석을 탐색해 본다. 그리고 이러한 적응적 사고내용으로 대체하게 하여 그 결과로 우울 증상이 완화되고 변화되는 과정을 살펴보게 된다. 아울러 과거의 습관화된 부정적 사고패턴이 환경적 자극에 직면하여 나타날 때마다 보다 더 적응적인 대안적 사고 내용으로 대체하는 작업을 꾸준히 계속하도록 격려한다.

마지막 단계에서는 우울증의 보다 근원적인 인지적 원인인 역기능적 신념을 탐색하여 그것의 현실성, 합리성, 유용성에 대해서 논의한다. 아울러 보다 현실적이고 합리적인 대안적 신념을 탐색하여 대체하도록 유도한다.

우울증을 극복하는 주요한 작업은 우리를 우울하게 만드는 부정적 생각이 과연 올바른 것인가를 반문해 보는 것이다. "과연 이러한 생각이 정당한 생각일까? 이렇게 생각할 충분한 근거가 있는가? 내가 사건의 의미를 과장하거나 비약하고 있지는 않은가? 다른 사람이 나와 같은 상황에 있다면 나와 같은 생각을 할까? 이러한 생각이 나에게 어떤 도움이 되는가? 달리 생각할 수는 없는가?"

부정적 사고와 합리적이고 대안적인 사고의 예를 들면 다음과 같다.

〈사례1〉 동료 학생들과의 회식자리에서 별로 할 말이 없었고 동료들도 자신에게는 별로 말을 걸지 않았다. 그는 모임이 끝나고 집에 오는 길에 우울감에 빠져들었다.

부정적 사고

- 나는 아는 게 부족하다.

대안적 사고

- 그날 화제는 나에게 익숙지 않은 주제였다.
- 내가 모든 면에서 아는 게 부족한 것은 아니다.
- 말을 많이 한다고 아는 게 많은 것이 아니듯, 말이 없다고 아는 게 없는 것은 아니다.
- 많은 이야기를 들었으니 많이 얻은 것이다.

부정적 사고

- 나는 친구들에게 인기가 없다.

대안적 사고

- 화제를 잘 아는 사람에게 말을 걸게 되는 것이지, 내가 특별히 인기가 없기 때문은 아니다.
- 사실 그날 몇 사람이 화제를 주도하고 나머지 사람들은 주로 듣는 편이었다.
- 사람들은 오히려 잘 들어주는 사람을 좋아한다.

〈사례2〉 3년째 열심히 고시공부를 하는 청년은 올해도 1차 시험에 낙방하였고 심한 우울증에 빠지게 되었다.

부정적 사고

• 다들 붙는데 왜 나만 안되는 것일까?

대안적 사고

• 주변에는 붙는 사람도 있지만, 사실 떨어진 사람이 훨씬 더 많다.

• 소수를 제외하고는 대부분 여러 번 낙방한 후에 합격하는 경우가 많지 않은가?

부정적 사고

• 나는 무능하다

대안적 사고

• 누구나 몇 번은 낙방하는 어려운 시험이다. 내가 특별히 무능하다고 단정할 수는 없다.

• 실망스럽지만 너무 나를 책망할 건 없다.

• 낙방 원인을 분석해서 다음 시험을 잘 보도록 노력하면 된다.

부정적 사고

• 고시에 실패하면 실직자가 되어 폐인이 되는 것은 아닐까?

대안적 사고

• 설혹 고시공부를 포기한다고 해서 인생이 끝나는 것은 아니다.

• 그 동안 공부한 것을 활용하면 취업이 가능하다.

• 평범한 회사원이 된다고 인생의 패배자가 되는 것은 아니다.

대안적 사고를 찾을 때 중요한 것은, 자신이 수긍할 수 있는 긍정적인 생각을 찾아내는 것이다. 이런 점에서 대안적 사고는 '무조건 긍정적으로 생각하는 것' 과는 다르다. 아무리 긍정적인 생각이라도 자신이 수긍할 수 없는 생각이라면 아무런 영향력이 없기 때문이다.

대안적 사고로 대체하기. 자신이 수긍할 수 있는 긍정적 대안적 사고를 발견했다면 이제 부정적 사고를 이러한 대안적 사고로 대체하는 노력이 필요하다. 생각이 바뀌면 기분이 달라지고 세상이 달라 보인다. 부정적 사고는 마치 검은 안경처럼 세상을 어둡게 보게 하지만, 긍정적인 대안적 사고의 안경으로 바꾸면 세상이 밝게 보인다. 침체 되었던 의욕이 다시 살아나고 새로운 희망이 생기는 것을 느낄 수 있다. 우울하고 불쾌한 기분이 들 때마다 개입된 부정적 생각을 자각하고 합리적이고 대안적인 생각을 찾아내어 대체하는 일을 계속하다보면 우울한 기분이 변할 뿐만 아니라 인생이 변하게 된다.

인지치료가 가장 효과적인 우울증 치료법으로 부각되고 있는 것은 자가치료self-help or self-treatment의 철학을 강조하기 때문이기도 하다. 배고픈 사람에게 고기를 잡아주기 보다는 고기 잡는 법을 가르쳐 습득하게 함으로써 스스로 고기를 잡아 배고픔을 해결할 수 있도록 도와주는 것이 배고픈 사람을 더 효과적으로 돕는 방법이라고 본다. 인지치료는 내담자의 증상을 제거하거나 완화시켜줄 뿐만 아리라, 한걸음 더 나아가 내담자가 스스로 자신이 겪고 있는 문제를 이해하고 해결해 나갈 수 있는 방법을 제시하고 인도함으로써 자가치유 능력을 양성하는 것이 보다 지속적인 효과를 기대할 수 있다고 본다.

효과적인 상담자는 내담자로 하여금 우울증을 유발하는 사고와 태도를 재평가할 수 있도록 격려해야만 한다. 방어와 저항을 일으키지 않는 방식으로 '당신의 삶과 가치에 대해 내린 당신의 결론이 과연 타당합니까? 상황을 보는 다른 방식이 있지는 않습니까? 모든 사람은 마음속에서 자기 자신과 대화를 나눕니다. 당신 자신과의 대화 속에서, 세계와 자신과 미래에 관해 실제로는 진실이 아닌 어떤 것들에 대해 당신 자신에게 말하고 있지는 않습니까? 당신이 자신에게 말하고 있는 것들에 대한 믿을 만한 증거가 있다고 생각합니까?' 라고 질문해보라.

이러한 것들은 내담자의 사고에 도전을 주며 결과를 평가하는 방식을 가르치도록 고안되어져 있기에, 내담자는 더 긍정적이며 현실적으로 사고하는 방법을 배울 수 있다. 우울증을 유발시키는 상황을 부인하지 않으면서도, 상담자와 내담자 모두는 빌립보서 4장 8절에 나오는 진리의 말씀 '종말로 형제들아 무엇에든지 참되며 무엇에든지 경건하며 무엇에든지 옳으며 무엇에든지 정결하며 무엇에든지 사랑할 만하며 무엇에든지 칭찬할 만하며 무슨 덕이 있든지 무슨 기림이 있든지 이것들을 생각하라' 라는 구절을 통해 안내를 받아야만 한다.

때때로 기독교인들은 자신들이 결코 화내거나 무기력하거나 낙담하는 것 없이 항상 영적으로 생동감 있고 열정적인 상태에 있어야만 한다고 믿고 있다. 이러한 기독교인들은 불가피한 상황에 어쩔 수 없이 실패하거나 절망감이 엄습하였을 때조차도 자신들의 비현실적인 기대가 충족되지 않은 연유로 인해 산산조각으로 파열되는 감정을 느낀다.

상담자는 이러한 기독교인들과 이와 유사한 다른 내담자들에게 자신들의 기대, 태도, 가치, 가정, 더 나아가 때때로 영적인 믿음에 대해 평가해 볼 수 있도록 도우려고 노력한다. 내담자로 하여금 이러한 것들 중 어떤 것이 비현실적이고 비성경적이고 해로운 것인지 깨달을 수 있도록 도와야 한다. 이런 부정적 사고들은 흔히 견고하게 뿌리박혀 있으며 잘못된 사고방식이 평생 동안 지속되어 온 것이기 때문에, 인생과 자신에 대한 태도를 재평가하고 변화시키도록 돕기 위해서는 반복된 노력이 필요할 것이다.

우울증의 귀인이론(attributional theory of depression: Abramson, 1978)은 사람은 자기가 통제할 수 없는 상황에 놓일 때 그 원인에 대한 질문을 하게 된다고 보았다. 귀인이란 사람이 자신의 행동을 설명하는 방식을 말한다. '결과의 원인을...에 돌린다' 는 뜻이다. 이 이론에 의하면, 우울증에 취약한 사람은 실패 경험(예: 성적 불량, 사업실패, 애인과의 결별 등)에 대해서 내부적, 안정적(예: 능력부족, 노력부족, 성격적 결함 등), 전반적(전반적 능력부족, 성격 전체의 문제) 귀인을 하는 경향이 있다. 반면에 성경경험에 대해서는 지나치게 외부적, 불안정적, 특수적 귀인을 하는 경향이 있다. 이러한 귀인 방식을 우울유발적 귀인depressogenic attribution 이라고 부른다.

다시 종합해서 말하자면, 인지치료에서는 환자의 역기능적, 비합리적 사고를 건강한 사고로 바꿔주기 위해 5가지 기본 전술을 사용한다 (Seligman, 2011, pp. 90~192).

첫째, 환자는 기분이 최악일 때 의식을 비집고 들어오는 자동적 사고를 인지하는 법을 배운다.

둘째, 환자는 반대되는 증거에 집중함으로써 자동적 사고에 저항하는 법을 배운다.

셋째, 재귀인기법을 통해 상황을 바르게 설명하고 이를 이용하여 자동적 사고를 대적하는 법을 배운다.

넷째, 우울한 생각으로부터 주의를 돌리는 법을 배운다. 반추는 특히 일을 잘해야 한다는 부담을 느낄 때 상황을 한층 악화시킨다. 최선을 다하기 위해서는 생각을 연기하는 것이 좋은 때가 많다. 여기서는 생각의 내용뿐 아니라 그것을 언제 생각할지를 조절하는 법을 배운다.
다섯째, 내가 하는 일의 아주 많은 부분을 지배하는 가정들에 이의를 제기하는 법을 배운다. 우울증의 씨앗이 되는 가정들(역기능적 신념)에는 다음과 같은 것이 있다. 우리를 우울하게 만드는 비현실적인 신념을 역기능적 신념dysfunctional belief이라고 한다. 우울증 환자들을 지배하고 있는 역기능적 신념에는 다음과 같은 것들이 있다.

역기능적 신념

사회적 의존성과 관련된 역기능적 신념

– 다른 사람의 사랑과 인정 없이는 행복해 질 수 없다

– 나의 인간적 가치는 다른 사람의 평가에 달려있다

- 나를 아는 대부분의 사람이 칭찬해 주지 않으면, 나는 행복할 수 없다
- 사랑하는 사람이 나를 더 이상 사랑해주지 않으면 나는 존재할 가치가 없다
- 다른 사람이 나를 어떻게 생각하느냐가 중요하다
- 의지할 사람이 없으면 당연히 불행해진다
- 다른 사람이 나를 싫어한다면, 나는 행복할 수 없다
- 다른 사람들로부터 고립되면 불행해지기 마련이다

성취 및 자율성과 관련된 역기능적 신념

- 어떤 일이든지 내가 원하는 대로 이뤄져야만 한다
- 다른 사람의 통제와 간섭을 받는 것은 내가 무능력하다는 것이다
- 어떤 분야에 특별한 재능이나 업적이 없으면, 나는 무가치한 존재이다
- 직업에서의 실패는 한 인간으로서의 실패를 의미한다
- 남들보다 어떤 일을 잘 하지 못한다면, 그것은 내가 열등하기 때문이다
- 좋은 생각을 많이 가지고 있는 사람이 가치 있는 사람이다
- 실수를 하면 사람들이 나를 업신여길 것이다
- 다른 사람에게 도움을 요청하는 것은 나약함의 표시이다
- 절반의 실패는 전부 실패한 것이나 다름없으므로, 어떤 일이든지 완벽하게 해야 한다

이러한 신념들은 자신도 모르게 성장과정에서 형성된 것인데, 생활 사건이 터질 때마다 자동적으로 작동하여 우리를 괴롭히고 우울하게 한다. 우리는 이런 신념을 찾아내어 그 정당성을 따져보고 보다 합리적인 유연한 신념으로 전환시킬 수 있어야 한다. 우리는 이보다 더 관대

한 새로운 전제들을 인생의 지침으로 선택할 수 있다.

난 사랑 없이는 살 수 없어

➡ 사랑은 소중한 것이지만 흔치 않은 거야. 다른 사람의 사랑과 인정은 중요하다. 그러나 그것 없이도 행복해질 수 있다. 오히려 그것에 연연하여 불행해지는 경우가 많다. 행복해지는 길은 다양하다.

내가 하는 모든 일이 완벽하지 않으면 난 실패자야

➡ 성공은 최선을 다하는 거야.

모두가 날 좋아하지 않으면 난 실패자야

➡ 모두가 날 좋아해도 그렇지 않은 사람이 꼭 하나는 있어.

모든 문제에는 완벽하고 올바른 해결책이 있으니 난 그걸 찾아내야 해

➡ 인생은 댐의 둑에 난 가장 큰 구멍에 손가락 하나를 집어넣는 거야.

어떤 분야에 특별한 재능이나 뚜렷한 업적이 없으면 나는 무가치한 존재야

➡ 특별한 재능과 업적이 있는 것은 좋은 일이지. 그러나 그렇지 않다고 해서 내가 무가치해지는 것은 아냐. 인간은 누구나 그대로 소중하고 가치 있는 존재야.

설명양식explanatory style. 설명양식 또는 설명하는 스타일은 긍정심리학자 셀리그먼(2010)이 사용한 말인데, 어떤 사건이 일어날 때 당신이 스스로에게 설명하는 방식이다. 사람은 다들 인관관계를 나름대로 생각하는 방식을 갖고 있는데, 한 사람의 설명양식은 어릴 때부터 발달되며 특별한 계기가 없다면 평생 지속된다. 설명양식은 당신의 마음속 말the word in your heart이다. 우리는 어째서 자신에게 좋은 일, 또는 나쁜 일이 일어났는지 보통 세 가지 면에서 생각한다. 원인의 지속 정도, 영향을 미치는 범위, 그리고 책임의 주체가 그것이다. ①영속성permanence, ②보편성pervasiveness, ③개인화personalization 세 가지 차원을 생각한다. 당신이 사건을 자신에게 설명하는 스타일은 당신이 무기력하게 되는지, 열성적이 되는지를 결정한다.

나쁜 사건이 일어났을 때 이를 설명하는 습관적인 방식, 즉 당신의 설명하는 스타일이 실패했을 때 하는 말보다 더 중요하다. '나에게는 좋은 일이 일어난 적이 없단 말이야. 늘 이런 식이었지. 그리고 앞으로도 그럴 거야.' 이렇게 생각하는 습관은 아동기와 사춘기에 학습된 것이다.

설명하는 스타일에는 '이제 내가 원하던 진급은 완전히 물 건너 갔어'(영속성), '나는 완전히 인생의 낙오자야'(보편성), '우리 회사가 계약을 따내지 못한 건 완전히 나 때문이야'(개인화). 이 세 가지는 우울한 사람의 사고방식이며 설명하는 스타일이다.

이와 같이 귀인이론 연구가들은 '어째서'라는 질문의 모든 대답을 세 가지 차원에서 설명할 수 있다고 말한다. 셀리그먼은 이를 영속성 차원(항상/가끔), 보편성 차원(전부/일부), 개인적 차원(내 탓/남 탓)이라고 불렀다. 그리고 사람들은 '어째서' 라는 질문에 거의 언제나 동일한 양식으로 대답한다. 본인의 원인에 대한 믿음에 귀를 기울이면서 일정한 패턴을 찾아보라.

역경에 처할 때(부정적 생활사건이 일어날 때) 당신은 자신을 비난하는가, 타인을 비난하는가? 문제의 원인이 영구적이라고 여기는가, 일시적이라고 여기는가? 그 원인이 인생의 모든 영역에 해를 끼칠 거라 믿는가? 아니면 그 한 가지 역경을 일으켰을 뿐이라고 믿는가? 우리는 원인 믿음을 정확하게 찾아내고 구별할수록 그 믿음이 역경대응능력을 방해할 때 좀 더 쉽게 이를 바꿀 수 있다(레이비치 & 샤테, 2011).

비관주의는 우리를 우울하게 한다. 그러나 낙관주의는 당신을 우울증으로부터 보호하고, 성취수준을 높여주며, 신체적 건강을 증진시킨다. 개인의 통제감sense of personal control: self-efficacy은 그의 운명을 좌우한다. 자신감은 정신적 면역력의 역할을 한다.

'언제까지나'(영속성)는 '잠시 동안'(일시성)으로 대치되어야 하고, '모든 일에'(보편성)는 '이번 일에'(특수성)로, '내가 문제야'(개인화)는 '그게 문제야'(객관화)로 대치될 때, 우리는 우울증에서 벗어날 수 있다(Anderson & Anderson, 2006). 다음은 비관주의자의 사고방식과 낙관주의자의 사고를 대조한 것이다.

당신은 늘 잔소리가 많아. ➔ 당신은 내가 방을 치우지 않은 때 잔소리를 하지.
사장은 성질이 못됐어 ! ➔ 사장은 오늘 기분 안 좋은 일이 있나봐.
나는 오늘 운이 좋았어. ➔ 나는 항상 운이 좋단 말야.
나는 열심히 노력한다. ➔ 나는 재능이 많은 사람이야.

낙관적인 사람들은 좋은 사건을 기질과 능력, 항상과 같은 영속적인 특질로 설명한다. 비관주의자는 기분과 노력, 그리고 때때로와 같은 임시적 이유로 설명한다.

실패에 대하여 보편적인 설명을 하는 사람들은 한 분야에 실패를 하면 모든 것에 포기하는 성향이 있다.

모든 선생은 다 불공평해.	김 교수는 불공평해.
책은 소용이 없어.	이 책은 별로 쓸모가 없다.

나쁜 사건에 대해 영속적인 설명을 하면, 지속적인 무기력을 야기하고, 임시적인 설명은 탄력성을 낳는다. 보편적인 설명을 하면 여러 상황에 무기력을 야기하며, 구체적 설명을 하는 사람은 문제 영역에 대해서만 무기력을 야기한다.

나는 수학을 잘하지.	나는 머리가 좋은 것 같아.
내가 그녀에게 매력적으로 비췄나봐.	나는 매력적이지.
이 종양이 암일 가능성은 5/10야.	이 종양이 아무 것도 아닐 가능성은 5/10야.

낙관주의자는 나쁜 사건은 구체적인 원인이 있다고 믿으며, 좋은 사건은 그가 하는 모든 일에 도움이 된다고 믿는다. 비관주의자는 나쁜 사건에는 보편적 원인이 있으며, 좋은 사건은 구체적 요인에 의해 발생한다고 믿는다.

나쁜 일이 생길 때, 우리는 자신이나 다른 사람 또는 환경을 탓한다. 나쁜 일이 있을 때 내적 귀인을 하는 사람은 자신을 무가치하고 재능이 없으며 사랑스럽지 않다고 생각한다. 나쁜 일이 있을 때 외부적 귀인을 하는 사람은 자존감을 상실하지 않는다.

나는 바보야.	네가 바보야.
나는 불안정한 사람이야.	나는 가난한 가정에서 자라났지.

개인화는 이해하기가 제일 쉬운 차원이며, 지나치게 평가하기도 제일 쉽다. 자신에 대한 느낌을 다루기 때문이다.

사람들은 나쁜 사건에 정도 이상으로 책임감을 느끼는 성향이 있다. 우리는 나쁜 사건에 임시적인 스타일로 대처해야 한다. 나쁜 사건의 원인을 변화시킬 수 있는 것이기 때문이다.

부정적인 사건이 발생했을 때 우울증 환자가 다음과 같은 질문을 함으로 상황을 재해석할 수 있는 방법을 찾는 것을 습관화할 수 있으면 낙관주의적 사고로 우울증을 물리칠 수 있을 것이다.

- 이 상황이나 경험에 또 다른 어떤 의미는 없을까?
- 여기서 어떤 좋은 것을 끌어낼 수 있을까?
- 이것이 내게 어떤 기회를 주는가?
- 나는 여기서 어떤 교훈을 배워 미래에 적용할 수 있을까?
- 나는 결과적으로 어떤 강점을 개발하게 되었을까?

이상의 인지치료는 우울증을 단기간에 치료할 뿐 아니라 치료효과도 우수한 것으로 확인되고 있다. 많은 연구에서 인지치료는 다른 치료법에 비해서 치료효과가 더 우수한 것으로 밝혀지고 있다(권석만, 2003). 우울증에 대한 대표적 물리적 치료법인 약물치료와 비교했을 때 인지치료는 반응성 우울증의 경우 치료효과가 동등하거나 더 우수하다는 것이 여러 연구에서 입증되었다. 인지치료는 특히 약물치료와 달리 부작용이 없으며 치료효과가 지속적이어서 재발률이 낮다는 장점을 지니고 있다.

행동요법적 접근

목표지향적이고 교육적 접근으로서 목표는 생활 중에 정적인 활동을 강화하여 증가시키고 부정적인 경험을 감소시킬 수 있도록 하는 것이다. 학습된 무기력이론learned helplessness theory의 기본가정은, 개인의 수동적 태도와 자신의 삶을 통제하고 행사할 수 없다는 느낌이 통제(대처)하는 데 실패했던 불쾌한 경험이나 외상을 통해 획득된다는 것이다. 상담자는 내담자로 하여금 목표활동의 수행정도와 그날의 기분수준을 매일 검토하고 기록하도록 하며 자기주장훈련, 시간관리, 대인기술향상훈련, 역할연습, 모델링 등 우울증 회복을 위한 사회적 기술들을 발달시키도록 돕는다. 또한 걷기와 같은 유산소 운동, 명상, 복식호흡, 점진적 근육이완 훈련 등도 우울증 극복에 많은 치료효과가 있는 것으로 알려지고 있다(이민수, 2005).

행동적인 부분은 우울증 환자에게 부족할 수도 있는 문제해결능력을 주간 목표로 세우고 자신의 행동을 지켜보면서 그러한 목표에 도달했을 때 자신에게 상을 주는 것, 그리고 행동 활성화-어려운 상황을 피하는 대신 행동을 취하는 것-의 기술을 가르치는 것이다. 그러나 행동치료의 주된 목표는 우울증 환자가 즐기는 활동을 함으로써 승리감을 느끼도록 고무하자는 것이다.

행동치료는 효과적인가? 짧게 대답하자면 그렇다. 이런 종류의 치료는 모든 우울증 치료방법 중에서 가장 확실한 검증을 거쳐왔으며 다른 심리치료 정도의 효과나 그 이상의 효과가 있으며 대체로 약물치료의 효과와 비슷하다(류보머시키, 2008).

대인관계치료

당신이 우울증을 앓고 있다면 당신은 최소한 한 가지 이상의 대인관계 문제를 가지고 있을 가능성이 있다. 예를 들어서 가까운 사람의 상실로 슬퍼하고 있거나 파경을 맞은 결혼생활이나 스트레스가 많은 삶의 과도기를 다루고 있거나 자기주장능력의 부족으로 고통을 받고 있을지도 모른다. 당신이 기혼인데 우울증을 앓고 있다면 아마도 결혼생활에서 어려움을 겪고 있을 가능성이 아주 높을 것이다. 육아 면에서 어려움을 겪을 수도 있다. 심각한 우울증은 환자 자신뿐 아니라 가족에게까지 고통과 괴로움을 준다. 결혼문제는 우울증의 위험을 증가시키거나 이미 앓고 있는 우울증을 악화시킨다(류보머시키, 2008).

처음에는 위약 치료로 시도되었는데, 실제로는 우울증을 완화하는데 3환계 항우울제만큼이나 효과적이고 최소한 인지치료만큼의 효험이 있다는 사실이 입증되었다. 현재의 우울증이 과거의 대인문제가 반복되어 나타난다는 가정을 취하지만 아동기의 근원적 경험을 상대하지는 않는다. 상담에서는 과거의 대인관계를 다루기보다는 현재의 대인관계를 분석하여 대처능력과 대인기술을 증진시켜 주며 상담자와의 관계에 초점을 맞춘다. 이 치료는 장기적이지 않으며, 대개 1주일에 한 번 이뤄지는 12~16차례의 치료시간으로 이루어진다.

대인관계치료는 우울증의 여러 원인 중 타인과 어울려 살아가야 하는 지금, 여기의 문제에 초점을 맞춘다. 현재의 논쟁, 좌절, 불안, 그리고 실망이 이 치료법의 주요재료들이다. 이 치료는 환자의 현재 삶에서 네 가지 문제 영역, 슬픔, 싸움(불화), 역할변화, 사회성 부족에 주목한다.

대인관계 치료의 주요 장점은 치료기간이 짧고(2~3개월) 비싸지 않으며 알려진 부작용이 없다는 것이다. 그것은 우울증에 매우 효과적이어서 환자의 70%에게 증상 완화 효과를 일으킨 것으로 드러났다(Seligman, 2011). 주요 결점은 이 방법이 널리 이용되지 않고 있다는 것이다

정신장애에 대한 기존의 심리치료나 약물치료는 증상을 경감시키는 데에 상당한 효과를 지니고 있지만, 증상 재발을 방지하는 데에는 한계를 나타내고 있다. 따라서 최근에는 정신장애의 치료목표가 증상제거를 넘어서 재발방지로 확대되고 있다. 최근에 다양한 형태의 심리치료가 개발되고 있는데, 그 중에 삶의 질 치료Quality of Life Therapy, 웰빙 치료Well-being Therapy, 우울증의 긍정심리치료Positive Psychotherapy가 있다. 그 강조점이 비슷하기 때문에 여기서는 긍정 심리치료만 소개하려고 한다.

긍정 심리치료

1998년 긍정심리학의 창시자 마틴 셀리그먼(2006)은 우울증을 치료하기 위해 긍정 심리치료를 개발하였다. 긍정심리치료는 우울증 증상의 제거에 초점을 맞추는 대신 처음부터 내담자의 긍정적 감정과 행복감을 높이는 데에 초점을 맞추고 있다. 긍정심리치료는 아동과 성인들에게 학습된 낙관주의의 교육프로그램을 실시하여 생활 속에서 일어나는 사건들의 의미를 긍정적인 방향으로 귀인시켰는데, 우울증의 발병률이 약 50% 감소했다. 긍정심리치료는 모든 결과 측정치에서 기존치료와 항우울제보다 더 우수하게 우울증세를 완화시켰다(권석만, 2008; 셀리그먼, 2011).

긍정 심리치료는 행복한 삶은 세 가지 측면, 즉, 즐거운 삶, 적극적인 삶, 의미 있는 삶을 영위하는 데 있다고 전제한다. 달리 말하면, 진정한 행복을 위해서는 긍정적 감정, 활동에의 몰입, 삶의 의미가 중요하다. 개인이 지닌 대표 강점을 발견하고 계발하여 이를 인간관계, 직업, 자녀양육, 여가 등과 같이 중요한 생활 장면에서 발휘함으로써 행복을 얻을 수 있다고 본다. 긍정성에 집중하는 다른 치료법으로는 삶의 질 치료quality of life therapy, 희망치료hope therapy, 긍정적 심리치료positive psychotherapy, 개인성장치료personal growth therapy 등이 있다.

우울증 치료에 있어서 주된 목표는 증상만을 제거하는 것이 아니라 재발을 방지하는 것이다. 우울증 치료를 받고나서 재발한 사람들과 그렇지 않은 사람들의 차이는 무엇일까? 연구결과, 우울증이 재발한 사람들은 치료를 받은 후에 우울 증상이 사라졌지만, 일상생활 속에서 행복감을 느끼지 못하는 사람들이었다. 중립적인 기분상태에서 살아가다가 새로운 좌절이나 실패를 경험하면 다시 우울 증상을 나타냈다. 반면에 재발하지 않는 사람들은 즐겁고 행복한 삶을 살고 있었으며, 좌절과 실패를 경험하더라도 이를 잘 극복할 수 있었다. 우울증의 재발을 막는 것은 증상의 제거가 아니라 행복한 삶을 살도록 도움으로써 우울증에 대한 면역력을 키워주는 것이었다. '정신장애에 대한 온전한 치료는 증상제거를 넘어서 적응능력과 행복한 삶의 기술을 길러주는 것이어야 한다.'

경미한 우울증은 대개 비관적인 사고습관에 의해 유발된다. 비관주의자는 실패와 거절의 원인을 영구적이고(영원히 이런 식으로 계속될 거야), 전면적이며(이건 모든 걸 파괴할 거야), 개인적인(이건 내 잘못이야) 것으로 바라본다. 이런 습관적인 믿음은 틀린 경우가 많으며, 종종 상황을 부정확하게 부정적인 쪽으로 확대해석한 결과다. 이런 식의 사고방식이 영구적으로 훈련에 의해 바뀔 수 있다는 것은 인지치료가 우리에게 가르쳐준 교훈이다. 낙관적 사고의 주요기술은 논쟁하고 논박하는 것이다. 어느 정도 훈련만 받으면 당신도 비관적 사고를 상대로 한 뛰어난 논쟁자가 되는 법을 배울 수 있다.

낙관주의는 긍정적인 말이나 성공에 대한 상상력이 아니라 원인에 대해 생각하는 방식이다. 사람은 다들 인과관계를 나름대로 생각하는 방식을 갖고 있는데, 셀리그먼(2010)은 이런 개인적인 특성을 '설명양식explanatory style'이라고 부른다. 사람은 자신에게 좋은 혹은 나쁜 일이 일어나면 보통 세 가지 면에서 생각한다. 원인의 지속정도, 영향을 미치는 범위, 그리고 책임의 주체가 그 세 가지다.

비관주의자들에 비해 낙관주의자들은

- 학업, 직장, 스포츠에서 더 성적이 좋고
- 건강하게 더 오래 살며
- 결혼생활에 만족을 느끼는 경우가 많고
- 우울증에 시달리는 경우가 적으며
- 불안감도 덜 느낀다(카터, 2010).

세상을 낙관적으로 보는 열 살 아이는 비관적인 아이에 비해 우울증에 걸릴 확률이 50% 적었다. 낙관적인 사고방식을 키울 수 있는 방법들은 수없이 많다.

- 어려움 끝에 복이 온다고 생각하자.
- 컵에 물이 반 잔이나 차 있다고 생각하자. 좋은 일과 나쁜 일이 동시에 일어나더라도 좋은 쪽을 볼 수 있도록 하자.
- 항상 실패에서 교훈을 얻자.
- 믿음이 중요하다. 자신과 타인을 의심하고, 비난하고, 공격을 당한다고 생각하는 대신 스스로를 믿고 타인을 믿자(카터, 2010).

낙관적으로 생각하는지, 비관적으로 생각하는지에 따라 생활 속에서 일어나는 일들에 대한 해석도 달라진다. 감사한 것은 누구나 낙관주의를 배워서 익힐 수 있다는 것이다. 일단 낙관주의 기술을 습득하면 그것은 사라지지 않는다. 비관적인 생각을 낙관적으로 바꾸는 기술, 화술, 사교술, 문제해결기술을 배워 사용하기 시작하면, 사람들은 우울증을 예방하고 더 많은 것을 성취하고 우울증의 재발을 효과적으로 막을 수 있다. 낙관주의 학습을 위해서는 셀리그먼의 『낙관적인 아이』(물푸레 간)를 참고하라.

통합적 접근

우울증 회복을 위한 통합적 접근에서는 약물치료와 적절한 심리치료, 그리고 내담자에게 적합한 부가형 또는 조절형의 기독교 상담적 접근을 병행하여야 한다. 일반적으로 우울증 회복을 위한 치료의 모든 과정에 있어서 상담자와 내담자의 지속적인 대상관계는 치료효과에 무엇보다도 중요하다. 우울증을 촉발할 수 있는 상실, 실패, 거절, 그리고 다른 사건에 대해 말하는 것에 주목할 필요가 있다. 따라서 우울증 회복을 돕는 자는 공감과 수용, 경청과 반영 등 지속적인 친밀관계를 통해 내담자에게 지속적인 약물치료의 중요성을 인식시키며 건강한 자기이해와 자기수용을 바탕으로 한 자기와의 화해를 위하여 인지적, 정서적, 행동적 기법, 긍정적 심리치료 기법, 신앙적 치료 등을 활용할 수 있어야 한다.

이와 병행해 신앙적 자원을 통한 하나님 안에서의 자기발견과 삶의 의미를 위한 영적 치료를 이루어야 한다. 상담자는 영적 치료를 위해 우울증을 통하여 일어나는 하나님의 섭리를 파악하고, 우울증을 기분

나쁜 질병으로만 취급하는 것이 아니라 우울증으로 얻을 수 있는 삶의 가치에 대해 재구조와 재해석을 위한 통찰을 시도할 수 있어야 한다. 이를 통해 약물과 심리치료가 하나님의 형상을 회복하는 내면적 부흥을 위한 통합적 도구로 활용될 수 있어야 한다(한재희, 2007).

하나님께 맡기지 않고 균형을 잃어버린 상태에서 해결되지 않은 분노를 마음속에 감추고 있을 때, 그때 나타나는 부당하다는 느낌은 매우 파괴적이다. 그 결과 우울증을 초래할 수도 있고 훌륭한 인간관계를 분열시킬 수도 있다.

'나는 우울증이 있는 완벽주의자들 치고 불의한 취급을 받고 있으며 부당한 대우를 받고 있다는 생각을 하지 않는 사람을 보지 못했다. 부당함 가운데 살고 있다고 생각하며 깊은 분노를 마음속에 품고 있는 사람들의 문제를 해결할 수 있는 유일한 해답은 용서를 체험하는 길뿐이다. 누구를 크게 용서해야 하는가? 부모와 가족들이다. 너무나 많은 경우에 우울증의 뿌리가 어린 시절에 가족들과 지내는 동안 그들의 마음 밭에 숨겨진 채로 깊게 내려진 것을 발견할 수 있다. 원통한 마음, 쓴 뿌리를 용서함으로 제거하지 않는다면 우울증은 치료될 수 없다.' (Hart, 1986, p.190)

자살 예방하기

자살은 흔히 부정적 생활사건에 의해서 촉발된다. 자살을 촉발하는 사건은 상실이나 실패를 의미하는 부정적인 생활사건(예: 사업실패, 이혼, 실연, 사회적 명예의 실추, 치명적 질병 등)이다. 때로는 모욕감과 억울함을 느끼게 하는 부당한 사건도 자살을 촉발할 수 있다.

임상심리학자 하트(Hart, 1996)는 자살행위의 목적을 설명하기 위해 몇 가지 가정을 제시하고 있는데 이는 자살하는 사람의 심리를 이해하는 데 도움이 된다.

- 자살자는 그 자신을 벌하기를 원한다.
- 자살자는 고통에서 벗어나기를 원하며 아무 가치가 없다고 생각하며 생애를 끝내려고 한다.
- 자살자는 다른 사람을 상징적으로 죽이기를 원한다.
- 자살의 행위는 심리적인 아무 의미도 없다. 우울증이 가져온 뇌 속의 생화학적인 변화의 파괴를 의미하는 것이다.

자살에 대한 위험요인으로는 과거의 자살기도 경험, 가족구성원의 자살기도 경력, 충동성과 같은 성격요인, 이혼 상태, 실업 상태, 우울증과 같은 정신장애 등이 있다. 한편 고통스러운 생활사건에 직면하더라도 자살이라는 극단적인 방법을 선택하지 않도록 방지하는 요인들이 있다. 자살의 주요 억제요인으로는 인지적 융통성, 강력한 사회적 지지, 자녀가 있음, 안정된 경제능력이나 직장 등이다.

자살에 대한 개방적 대화가 자살가능성을 줄인다. 자살을 예방하기 위해서는 세심한 주의를 기울여야 한다. 자살을 예방하기 위해서는 우선 자살의 위험성을 정확하게 평가하는 일이 필요하다. 자살에 대한 의도와 강도, 자살에 대한 구체적인 계획의 여부, 주변 사람들에 대한 자살의 암시 등을 다각적으로 살펴보아야 한다.

대부분의 사람은 자신의 자살의도에 대한 실마리를 사전에 제공하기 때문에 상담자는 내담자의 다음과 같은 단서를 잘 관찰해야 한다.

- 자살에 대한 말
- 자살의 실행을 현실적으로 계획하고 있다는 증거
- 가장 효과적인 자살방법에 대한 지식(권총, 가스, 약물과다복용 등)
- 절망감과 무의미감
- 죄책감과 무가치감에 대한 암시
- 최근 환경 속에서의 스트레스(직업상실, 이혼, 가족의 죽음 등)
- 스트레스 대처에서의 무력감
- 신체적 질병에 대한 과도한 관심
- 불면증으로 인한 극심한 고통
- 우울, 혼미, 완강한 저항의 증거
- 의존적이면서도 불만족을 보이는 이중적 경향성
- 설명할 수 없는 행복감과 즐거운 기분으로의 갑작스러운 전환(이것은 흔히 자살을 시도하기로 결정했다는 것을 의미한다)
- 이전에 자살을 기도했던 내력(이전에 자살을 시도한 경험이 있는 사람은 많은 경우 다시 자살을 시도함)
- 은밀하게 유서를 작성함
- 소중이 여기던 물건을 나누어줌
- 주변 사람들에게 "살고 싶지 않다. 모든 것을 끝내고 싶다. 더 이상 견딜 수가 없다"는 말을 자주함

자살 징후는 대개 다음과 같이 나타난다.

- 주변 친지에 뜬금없이 전화해 '잘 지내시라' '그 동안 고마웠다' 등의 말을 할 때
- 갑자기 아끼던 자신의 사진이나 물건 등을 정리할 때
- 죽음에 대해 자주 얘기를 꺼내거나 관련된 영화나 책을 찾아볼 때
- 수면제, 진통제 등을 필요 이상으로 사 모을 때
- 직접적으로 죽고 싶다는 말을 하거나 글을 남길 때

우울증이나 양극성 장애는 여러 정신질병 중에서 자살률이 가장 높게 나타나는 증상이다. 자살을 시도하는 사람들의 95% 이상이 당시에 심리적, 정신적 장애를 갖고 있음이 드러났다(김충렬, 2010). 그 중에서도 가장 많은 것이 우울증으로 80%를 점유하고 있다.

자살의 위험성이 심각한 사람은 시급하게 입원시켜 집중적 감시를 통해 자살을 방지해야 한다. 방문치료를 할 경우에 치료자는 신뢰관계의 바탕 위에서 자살하지 않겠다는 굳은 약속을 받아내고 자살충동이 일어날 경우 항상 치료자와 연락할 수 있는 방법을 강구해야 한다.

아울러 절망적이라고 생각하는 고통스러운 상황을 개선할 수 있는 현실적 방법을 강구하는 동시에 가족, 직장동료, 친구의 심리적 지지를 통해 고통을 덜어주어야 한다. 자살이 아닌 다른 방법으로 대처할 수 있는 방법을 제시해줄 필요가 있다.

말씀과 기도는 우울증을 치료하는 약이다. 찬양요법이 우울증에서 벗어나게 할 수 있다. 반려동물요법Pet Therapy이나 봉사요법Helper therapy은 영적 번민과 우울증을 치료하는 약이다(Martin Luther). 고통의 의미를 재구성할 수 있는 설교를 듣거나 책을 읽는 것도 효과적인 치료책이 될 수 있다. 이와 관련해 고故 옥한흠 목사의 설교집 『고통에는 뜻이 있다』를 추천한다.

우울증 치료에 있어서 중요한 것 중의 하나는 가족들의 따뜻한 사랑과 관심이다. 부드러운 손길, 인간적 따스함, 그리고 끌어안기(포옹)를 대체할 수 있는 것은 세상 천지에 아무 것도 없다(수 앳킨슨), 사랑이 있으면 행복 없이도 살 수 있다(도스토엡스키).

효과적인 치료는, 그것이 자가치료든 전문적 치료든, 전인적이고 통합적이며, 우울증 환자 한 사람 한 사람의 특별한 경험에 맞는 맞춤식으로 진행되어야 한다.

우울증을 막으려면

잘 먹도록 하라. 우리 몸은 영양가 낮고 칼로리 높은 인스턴트식품만으로 제 기능을 발휘할 수 없다. 잘 먹지 못한다면, 우울증은 더 심각해질 것이다. 결과적으로 우리가 경험하는 우울증의 일부분은 건강하지 못한 식습관이 원인일 수 있다.

현대병 투병의학박사 백상진(2012)은 모든 현대병(당뇨병, 고혈압, 관절염, 심장병, 전립선, 신장병, 각종 암 등)은 잘못된 생활습관으로 생긴 병이라고 진단한다. 그는 8가지 생활습관을 배워 면역력을 강화시키면 현대병에 걸리지 않고 우울증도 치료할 수 있다고 주장한다. 근본치료의학Fundamental Medicine의 창시자 백상진은 현대병의 예방과 치료 원리로

(1) 올바른 음식과 영양, (2) 최적의 아침 운동, (3) 하루 8컵의 생수마시기, (4) 매일 30분 이상의 햇빛 쐬기, (5) 신선한 공기와 심호흡, (6) 밤 9-11시 사이의 취침습관과 7~8시간의 수면 등을 제시하고 있다.

우울증은 스트레스를 많이 받으면 생기는 경우가 많기 때문에 평소 스트레스 관리법을 익혀두는 것이 좋다. 가벼운 우울증의 경우 규칙적으로 운동을 하거나 기도나 복식호흡 같은 이완 운동, 아니면 생각을 긍정적으로 바꾸는 인지치료만으로도 좋아질 수 있다.

규칙적인 운동이 우울증 발생을 30% 정도 낮출 수 있다는 연구결과가 있다. 운동량을 늘려라. 엘리베이터 대신 계단을 이용하라 아이들을 학교에 데려다 줄 때 자동차를 이용하지 말고 걷도록 하라. 매일 아침 동네 한 바퀴를 빠른 속도로 걸으라. 특히 조깅이나 자전거 타기, 배드민턴, 에어로빅 등 중간 강도 이상의 운동을 하는 것이 우울증 예방에 좋다. 운동을 하면 신체기능이 좋아지고 뇌에서도 세로토닌이나 엔도르핀, 신경재생물질 등이 증가해 뇌의 기능을 회복하는 것으로 알려져 있다.

가족관계나 친구관계를 잘 맺는 것도 중요하다. 친구나 가족의 정서적인 지지를 받고, 가까운 사람들과 취미활동을 함께 할 경우 우울증 치료효과와 함께 예방효과가 있다.

가족이나 친구의 경우, 환자를 정서적으로 이해해 주고, 환자를 대화에 참여시켜 적극적으로 경청해주는 것이 중요하다. 혹시라도 자살에 대해 언급하면 무시하지 말고 담당의사에게 알릴 필요가 있다(조선일보. 1012년 2월 16일).

우울증 환자의 자기관리

크리스천 임상심리학자 하트(Hart, 2000)는 우울증 환자의 자기관리 전략으로 다음과 같이 7단계를 제시하고 있다.

- 대처전략을 계획하라. 우울증에 걸린 것을 부인하거나 맞서 싸우지 말라. 극단적 피로, 의기소침, 무기력감, 분노, 평범한 불행감의 배후에 우울증이 숨어있다. 이럴 때는 우울증을 그대로 받아들이고 그렇게 이름을 붙여라.
- 우울증에 맞서 싸우거나 저항하지 마라. 반응성 우울증은 자연스러운 것이므로 애도 과정을 촉진하도록 허용하여야 한다.

  어떤 사건이 벌어졌을 때 그 사건 자체보다는 그 사건에 대한 당신의 반응이 어떻게 나타나는가가 더 중요하다. 어떤 경우에는 그 반응들이 연쇄적으로 확장되어 정서적 또는 영적 우울증으로 발전할 수도 있다.

  우리가 나타내는 세 가지 기본적인 반응들이 우울증을 유발하는 원인이 된다. 우유부단한 마음, 결단력의 부족과 분노를 참는 것, 부당하다(불공평하다)는 생각이 그것이다.
- 우울증을 일으킨 상실이 무엇인지 찾아내도록 하라. 그 상실이 실제적 상실인지, 추상적, 상상 속의, 위협받는 상실인지 자문해 보라. 과거에 유사한 경험이 있었는지 점검해 보고 자신의 반응에서 어떤 경향이나 주제가 있는지 살펴보라. 생애초기에 지나치게 상실을 많이 경험하면 후에 상실에 너무 과민하게 되어 사소한 일에도 깊은 상실을 느끼게 된다.

- 상실의 현실을 직시하라. 현실을 가능한 한 빨리 받아들이는 편이 낫다. 부인하면 고통이 연장될 뿐이다.
- 상실을 바라보는 시각을 길러라. 문제의 심각성은 문제를 바라보는 시각에 의해 결정되는 수가 많다. 더 큰 맥락으로 문제를 바라보는 능력을 기른다면 회복이 빨라질 것이다. 내 상황이 나쁘더라도 언제나 더 나쁜 상황이 있을 수 있다. 하나님의 도우심으로 우리는 삶에서 주어지는 그 어떤 것이든 직시하고 이길 수 있다.

  자기대화에 주의를 기울이고 우울증에 반응하는 방식에 유의할 때 우울증이 영구화되는 것을 피할 수 있다.

- 우울증에서 배울 수 있는 교훈을 찾아라. 모든 우울증은 삶 속에서 우리가 가치를 부여하고 소중하게 여기는 것에 대해 어떤 교훈을 준다. 우울증의 증상은 어떤 의미에서 하나님의 은총일 수 있다. 하나님은 우울증을 통해서라도 우리가 바쁘게 살아오던 삶을 멈추고 자신을 돌아볼 수 있는 시간을 갖고 삶을 재정비하게끔 초대하실 수 있다. 고통은 더 많은 것을 배울 수 있게 해주는 스승이다. (존 포웰John Powell)

효과적인 스트레스 관리방법과 자기주장, 그리고 자기 돌봄과 같은 효과적 생활기술을 배우게 되면, 이는 우울증 환자에게 내가 하는 것이 나의 삶에 변화를 가져올 수 있다는 효능감과 희망을 줄 수 있다.

VI

그리스도인의 우울증에 대한 결론

우울증은 모든 연령, 신자나 불신자이건 간에 누구나 앓을 수 있는 정신질환이다. 우울증은 믿음이 좋은 그리스도인이라고 해서 예외일 수 없다. 아직도 교회와 그리스도인들 사이에서는 신앙이 좋은 사람은 우울증과 상관없는 것으로 일축하는 경향이 있다. 더 나아가 우울증에 걸린 사람은 나약한 믿음이나 하나님을 온전히 의지하지 않기 때문으로만 돌리는 경향도 있다. 따라서 교회 내에서 우울증으로 고통하는 사람들은 도움을 요청하여 회복의 자원을 마련하기보다는 숨김으로 만성적이 되거나 회복되기 어려운 상태로까지 방치되기도 한다. 더러는 우울증을 귀신들림으로만 간주하여 올바른 치료를 받도록 안내하는 것이 아니라 더욱 심각하게 만드는 경우도 있다(한재희, 2007).

우리가 무기력하고 희망이 없으며 통제 불능이라는 생각은 신체에 영향을 미친다. 이렇게 되면 슬픔, 절망, 무기력, 식욕상실, 수면장애와 같은 우울증의 증상이 늘어난다. 그러나 희망이 회복되면 우울증은 떠난다. 자신과 세상, 미래에 대해 거짓된 믿음을 가진 우울증 환자에게 성경적인 믿음을 갖게 하면 희망을 회복할 수 있다. 우울증 환자가 하나님의 은혜를 받고 ①나는 그리스도 안에서 용납되었다. ②나는 그리스도 안에서 안전하다. ③나는 그리스도 안에서 중요한 인물이라는 확신을 갖게 되면 우울증은 치료할 수 있다(Neil Anderson).

목회상담학자 윌리엄 커윈(2007)은 우울증을 앓는 환우나 친구를 보면 다음과 같이 대해 줄 것을 권면하고 있다.

(1) 이 질병을 앓고 있는 사람들을 부드러운 동정심으로 대하라. 당신도 똑같은 병에 걸릴 수 있다는 것을 기억하라.

(2) 당신의 친구들이 우울증이라는 병에 걸렸을 때, 가혹한 언어를 절대로 사용하지 말라. 조언이나 충고는 전혀 도움이 되지 않는다.

임상심리학자 하트(2006)는 우울증에 걸린 사람에게 해주면 좋은 말을 제시한 적이 있다.

- 난 당신을 사랑하고 언제까지나 그럴 거예요. 왜냐하면 당신은 내게 소중하니까.
- 비록 당신이 무엇을 생각하고 있는지 알 수 없지만, 당신을 이해하고 싶어요.
- 내가 지금 당장 당신에게 할 수 있는 최선의 것은 당신의 친구가 되는 거예요.
- 당신이 그렇게 느낀다고 사과할 필요는 없어요. 왜냐하면 당신이

기분을 조절할 수 있는 게 아니잖아요.
- 당신은 혼자가 아니에요. 당신 곁에는 늘 내가 있고 영원히 함께 할 거예요.
- 이 상황은 영원하지 않겠지요. 이 모든 고통이 끝나는 날 우리 함께 하나님을 찬양해요.
- 하나님을 탓할 건 없어요. 하나님은 당신이 그것을 극복하도록 돕고 싶어하세요.

(3) 그들이 자신의 기분과 고민을 털어놓을 때 어떠한 불신도 표현하지 않도록 조심해야 한다. "그것은 모두 상상일 뿐이야"와 같은 말을 해서는 안 된다. 그들의 고통은 진짜이며 현실적인 것이기 때문이다.

(4) 우울한 친구들에게 힘이 미치지 않는 일을 하라고 재촉하지 말라. 이들은 뼈가 골절되어 움직이지 못하는 사람과 같다.

(5) 우울한 사람이 말하거나 행동하는 것에 놀라움이나 의아함을 표현하지 말라. 원한에 찬 불평을 한다고 의아해하지 말라. 이들의 마음은 극도로 괴롭다. 이들은 다윗과 같이 탄식한다. '내가 탄식함으로 피곤하여 밤마다 눈물로 내 침상을 띄우며 내 요를 적시나이다.'

(6) 이들에게 다른 사람에게 일어났던 슬픈 재난을 자세하게 이야기하거나 어떠한 무서운 이야기도 들려주지 말라. 진지함이나 친절함이 섞인 태도가 이들에게는 가장 적합할 것이다.

(7) 그렇지만 이들과 대화하는 것이 불필요하다고 생각하지 말라. 이들의 질병이 오래 지속될 거라고 생각하는 것처럼 말하지 말라. 도리어 빠른 치유에 대한 소망을 가지도록 격려하라.

⑻ 이들과 똑같이 고통을 당했지만 우울증에서 해방되었던 다른 사람들에 대해 들려주는 것도 유용할 것이다. 우울감에 빠진 사람들은 다른 사람들도 같은 상태에 빠졌던 적이 있다는 것을 믿기 어려워한다. 루터와 번연은 물론, 주변에 우울증을 앓다가 회복된 사람들의 이야기를 들려주는 것은 큰 격려와 위로가 된다.

⑼ 당신이 우울한 친구를 위하여 그 다음에 할 일은 그를 위해 기도하는 것이다. 기도 외에는 극복하기도 고치기도 힘든 병이다. 주변 사람들도 함께 중보 하도록 하라. 합심하여 끈질기게 기도할 때, 하나님은 응답하신다.

⑽ 예수 그리스도 안에서 하나님의 전능하신 은혜가 괴로움을 당하는 당신의 친구들에게 이르도록 끊임없이 기억하라. 은혜와 능력을 달라고, 보혜사 성령을 통하여 하나님을 바라보라고 당신이 할 수 있는 데까지 가르쳐라.

이관직(2005)은 우울증을 예방하고 치유할 수 있는 방법을 다음과 같이 제시했다.

(1) 삶에서 한계를 설정하라. 자신이 할 수 있는 것과 할 수 없는 것을 분명히 표현하는 것이 중요하다. 한계를 긋지 못하면 쉽게 탈진하거나 우울증에 취약해지기 쉽다.

⑵ 자신만의 독립된 공간과 시간을 확보하라. 사람은 누구나 자신만의 시간과 공간을 갖고 재충전하는 여유가 필요하다. 그렇지 않으면 무력감, 공허감에 빠지기 쉽다.

⑶ 치유 프로그램을 통해 자신의 미해결과제를 해결하라. 마음의 상처

가 아물지 않으면 목회활동이나 사역에서 오는 원치 않는 공격이나 침범에 더욱 취약하다. 집단상담이나 지원그룹, 개인상담을 통해 도움을 받을 수 있다.

(4) 감정표현을 적절하게 하라. 분노와 슬픔의 감정을 억압하면 긍정적인 감정들도 자유롭게 느끼고 표현하기가 힘들어진다.

애도는 사별에 대한 반응일 뿐만 아니라 모든 상실을 해결하는 방법이다. 어떤 상실을 경험하였든 반응성 우울증은 '놓아 보내는 과정' letting go을 필요로 한다. 정당한 상실이라면 철저히 애도하라. 상실을 슬퍼하는 데는 우울 정도에 따라 적절한 시간이 필요하다. 상실을 철저히 애도하고 나면 우울에서 자유하게 된다.

(5) 정기적인 휴식과 재충전의 시간을 가지라. 한국의 많은 사역자들은 일중독증에 걸려있다. 휴식하지 않는 삶은 에너지가 고갈되며 이는 우울과 탈진으로 이어질 가능성이 높다. 휴식과 안식의 의미와 방법에 대하여는 『현대인의 피로와 휴식』(진흥)을 참고하라.

(6) 정신과의사로부터 처방약을 받아 복용하는 것을 부끄러워하지 말라. 우울증 증상을 경감시키는 데 효과적인 많은 항우울제들이 개발되어 있으므로 약을 처방받아 복용하는 것도 중요한 일이다.

(7) 큐티를 통하여 영적인 힘을 공급받으라. 말씀과 기도의 시간을 통해 항상 위로부터 오는 능력을 공급받는 것이 우울증 예방을 위해 필요하다. 일단 우울증에 걸리면 성경을 읽는 것이 힘들 뿐 아니라 기도하기도 싫고 그런 행위가 공허하게 느껴진다.

(8) 우울증을 부정적으로만 보지 말라. 우울증의 증상은 어떤 의미에서

하나님의 은총일 수 있다. 하나님은 우울증을 통해서라도 그의 자녀가 바쁘게 살아오던 삶을 멈추고 자신을 돌아볼 수 있는 시간을 갖고 삶을 재정비하게끔 초대할 수 있다.

> 고난당하기 전에는 내가 그릇 행하였더니
> 이제는 주의 말씀을 지키나이다. 고난당한 것이 내게 큰 유익이라
> 이로 인하여 내가 주의 율례를 배우게 되었나이다
>
> -시 119: 67, 71

우울증을 치료하는 것도 중요하지만, 우울증을 예방하는 노력이 더 많이 요구되고 있다. 교회는 성도들에게 영성 훈련뿐만 아니라 신체적 안녕과 정서적 안녕, 그리고 사회적 연결망을 강화하도록 가르침으로 우울증의 발생과 악화를 예방하여야 할 것이다.

정신적 건강의 기준

소극적 의미의 건강은 질병이나 장애가 없는 상태를 뜻하지만, 적극적 의미의 건강은 개인이 행복하고 자신의 능력과 환경을 활용하여 최대한 번창한 삶을 사는 것이다. '정신적으로 건강하다' 는 것은 정신장애가 없음을 넘어서 주관적인 안녕과 더불어 최선의 심리적 기능을 발휘하는 상태를 의미한다. 최근에는 건강의 개념이 육체적, 정신적, 사

회적 안녕뿐 아니라 영적인 안녕, 직업적 만족, 환경적 안전 등을 포함하는 것으로 확장되고 있다.

정신적으로 건강하다는 것은 구체적으로 무엇을 의미하는가? 정신적으로 건강한 사람은 어떤 특성을 지니는가? 우리는 우울증을 극복하고 정신건강을 회복하였다는 것을 어떻게 알 수 있는가? 게리 콜린스(1984)는 '정신건강'을 '정서적 성숙'으로 대치할 수 있다면서 정신적으로 건강한 사람의 특징을 다음과 같이 제시한 적이 있다. 얼마나 정신적으로 건강한 삶을 살아가고 있는지를 스스로 점검해보도록 하자.

(1) 자신이 처한 현실을 정확히 파악하고 인식할 수 있다. 그리고 현실에 건설적으로 대처하는 능력을 갖고 있다.

(2) 변화에 대처하고 새로운 변화를 수용하는 능력을 가졌다.

(3) 자신의 능력과 심리적 상태를 스스로 자각하고 인식한다. 긴장과 염려로 인해 생기는 증상들로부터 비교적 자유롭다.

(4) 자기효능감이 있다. 자신의 행동을 스스로 통제하고 조절할 수 있다. 자신에게 주어지는 일을 해낼 수 있다는 자신감이 있다.

(5) 자신을 사랑하며 있는 그대로 수용하고 존중한다. 자기 자신에 대해 긍정적 태도를 지닌다. 자신의 긍정적, 부정적 특성을 모두 수용한다. 스스로 쓸모가 있으며 능력이 있고 남들에게 사랑받는 사람이라고 느낀다. 자신을 신뢰한다.

(6) 다른 사람과 원만한 인간관계를 누릴 수 있다. 받는 것보다는 주는 데서 더 큰 만족을 찾는다. 상호 만족과 협조의 일관성 있는 태도로 다른 사람과 관계를 맺을 수 있다.

(7) 사람의 본능적 적개심을 창조적이고 건설적인 통로로 배출시키고 승화시킨다. 자신의 능력을 생산적이고 효율적으로 발휘할 수 있다.

(8) 인생의 목적을 가지고 산다. 건강한 사람은 자신이 원하는 것이 무엇인지, 되고 싶은 것이 무엇인지를 안다. 어떤 의미에서 신앙은 '나는 누구인가? 내 삶은 무엇을 위한 것인가? 나는 어디에 속해 있는가? 누가 창조주인가? 나는 어디로 가는가? 어떻게 하면 거룩한 삶을 살고 내 주변과 세상을 변화시킬 수 있는가?' 와 같은 거대한 질문에 해답을 준다.

〈당신의 정신건강 지식지수는?〉

1. **모든 정신질환은 난치병이다.** O/X

2. **우울증은 마음이 약해서 생기는 병이다.** O/X

3. **정신질환은 마음의 병이므로 약물치료보다는 상담이 효과적이다.** O/X

4. **모든 정신과 약은 의존성이 있고 뇌기능을 저하시킨다.** O/X

5. **치매에 일단 걸리고 나면 치료하더라도 진행을 늦출 수 있을 뿐 완치는 불가능하다.** O/X

6. **정말로 자살하겠다고 마음먹은 사람은 '죽고 싶다'는 마음을 내비치지 않는다.** O/X

7. **우리 국민 중 한 번 이상 정신질환을 앓은 적이 있는 사람의 비율은?** O/X

   ① 1000명 중 한 명 정도로 드물다 ② 100명 중 한 명 정도다

   ③ 10명 중 한 명 정도로 흔하다 ④ 3명 중 한 명 정도로 매우 흔하다

8. 다음 정신분열증과 관련된 설명 중 옳은 것은?

① 정신분열병은 1000명 중 한 명이 걸리는 희귀질환이다

② 정신분열병은 100% 유전에 좌우된다

③ 정신분열병은 약물로 치료가 가능하다

④ 정신분열병 환자는 취업이 불가능하다

9. 다음 증상이 어떤 정신질환의 증상인지 보기에서 고르세요.

〈보기〉 ㉮ 공황장애 ㉯ 사회공포증 ㉰ 외상 후 스트레스 장애

㉱ 주의력 결핍 과잉 행동 장애 ㉲ 강박장애

① 교통사고를 당한 후 사고 장면이 자꾸 떠오르고 불면증과 악몽에 시달린다

② 갑자기 죽을 것 같은 공포가 생기면서 숨이 막히고 가슴이 두근거린다

③ 사람들의 시선이 두려워 발표를 제대로 할 수 없다

④ 초등학생이 주의가 산만하고 수업시간에 제자리에 앉아 있지 못한다

⑤ 손이 오염된 것 같아서 하루에도 수십 번 손을 씻는다

10. 미국 여배우 브룩 쉴즈가 앓았던 정신질환은?

① 정신분열증 ② 조울증 ③ 산후 우울증 ④ 정신질환을 앓지 않았음

정답 1X 2X 3X 4X 5X 6X 7④ 8③

9 ①-㉰ ②-㉮ ③-㉯ ④-㉱ ⑤-㉲ 10 ③

☆맞힌 항목 수에 따른 정신건강 지수 (9번은 5개 항목을 다 맞혀야 정답)

0-4 = 문맹 5-7개 = 보통 8개 이상 = 전문가 수준

행복의 습관으로 우울증을 몰아내자

불행의 치료제는 행복이다. 긍정심리학자 소냐 루보머스키(Sonja Lyubomirsky, 2007)는 행복한 삶을 구가하기 위한 전략으로 다음과 같은 활동을 제안하고 있다. 이것은 우울증의 예방책도 되고 치료를 위한 대안도 될 수 있을 것이다.

(1) 당신의 몸을 돌보라. 충분히 잠을 자고, 운동과 스트레칭, 미소를 띠고 웃을 수 있는 것은 모두 기분을 좋게 할 수 있다. 이를 정기적으로 실천하면 당신의 삶은 더 만족스러워진다. 정신의 건강은 신체의 건강과 분리될 수 없다. 신체적 건강은 영양과 운동, 휴식으로 유지될 수 있다.

몸과 마음은 둘이 아니라 하나다. '건강한 몸에 건강한 정신' 이라는 말도 있지 않은가. 당연히 좋은 음식이 우울증 회복에도 도움이 된다. 소화에 문제가 없다면 과일과 야채를 많이 먹어라. 물은 적어도 하루에 8잔을 마시라. 식사를 5시간 간격으로 규칙적으로 하되 간식을 하지 않도록 하라(근본치료 의학자 백상진).

왜 신체 활동이 사람들을 더 행복하게 해줄까? 심리학자들은 운동이 웰빙이라는 보상을 가져다주는 현상을 몇 가지 이유로 설명한다. ①운동이나 체력단련 훈련을 하면 스스로 자신의 몸과 건강을 조절할 수 있다고 믿어 자존감이 높아진다. ②신체활동이 근심과 생각을 반추하는 것을 몰아내어 긍정적인 기분으로 전환시켜줄 뿐 아니라 몰입을 체험할 가능성도 높여준다. ③다른 사람과 함께 운동을 하면 사회적 접촉의 기회가 생기기 때문에 사회적 지원이 확대되고 우정이 돈독해지기도 한다.

정신과의사 세르방-슈레베르(2004)는 자전거 타기, 수영, 축구, 농구, 배구, 배드민턴, 조깅 등의 운동이 우울증을 이길 수 있게 한다고 항우울제 대신 운동을 처방한다. 많은 조사 결과, 중간 정도까지의 우울증은 운동을 하거나 몸을 움직이면 훨씬 증상이 완화된다고 한다. 나아가 운동은 혈액순환을 돕고 자존감을 높이며 행복감과 면역력을 높이고, 호흡기를 강화시키며 우울증 극복에 아주 중요한 호르몬, 세로토닌과 노르아드레날린, 엔돌핀의 분비를 촉진한다. '운동은 몸무게를 조절해주고, 성욕도 증가시켜주고, 숙면을 취할 수 있게 하고, 혈압을 낮춰주고, 면역시스템을 강화시킴으로써 심장질환뿐만 아니라 일부 암으로부터도 보호해준다.'(p.168) 규칙적인 운동을 하게 되면 부정적인 생각들에서도 벗어날 수 있다. 습관은 반복과 연습을 통해서 형성된다. 운동할 기분이 아니라고 하지 말고 의무적으로 양치질 하듯이 새로운 습관을 만들어보라. 그는 몸을 좀 더 움직이면서 건강한 삶을 누릴 수 있는 몇 가지 비결을 제시하고 있다.

① 운동량 자체보다는 규칙적으로 최소한 일주일에 세 번, 20분 정도씩 하는 것이 중요하다. 운동의 강도는 달리면서 대화를 할 수 있을 정도면 충분하다.

② 그룹으로 하는 것이 혼자 하는 것보다 더 효과적이다. 때로는 경쟁을 하기도 하면서 운동을 할 때 훨씬 많은 효과를 볼 수 있다.

③ 마지막으로 각자가 흥미를 느끼는 운동을 선택해야 한다. 그래야 더

쉽게 오랫동안 계속할 수 있다.

그림, 글쓰기, 독서, 대화, 화투, 목공, 낚시, 기도, 웹 서핑 등 지금 하고 있는 일에 몰두해서 시간 가는 줄 몰랐던 적이 있는가? 몰입flow이란 현재의 순간에 강력하게 흡수되어 빠져있는 상태이다. 자신을 잊은 채 하고 있는 일에 집중하고 완전히 몰두하는 것이다. 무슨 일이든 노력하는 과정을 즐기도록 하라.

(2) 친절을 베푸는 행동acts of kindness을 실천하라. 친구나 낯선 사람이나 다른 사람에게 친절을 베풀면 당신은 연결감과 미소, 인정 그리고 호혜적인 친절을 되돌려 받는다. 적어도 하루에 한 번 이상 알고 있는 사람에게 건설적인 행동을 해본다.

친절한 행위가 사람을 기분 좋게 만든다는 생각은 새로운 것이 아니다. '너의 행복은 다른 사람을 행복하게 만들어주는 데 있다'는 말이 있다. 자원봉사를 하게 되면 우울증 증상이 감소된다. 이른바 헬퍼스 하이(helper's high)라는 것이 우울증을 몰아내는데 이는 도와주는 사람이 느끼는 행복감을 표현하는 것이다.

이타적인 행동을 할 때 친절을 베푼 사람이 누구보다도 더 많은 것을 얻는다. 우선 남을 돕게 되면 건강해지고 수명이 늘어난다. 친절한 사람들은 남보다 더 건강하게 오래 산다. 남에게 도움을 주는 행동은 아스피린이 심장질환을 예방하는 것보다도 2배 이상이나 크게 건강에 도움을 준다고 한다. 친절함은 사람을 행복하게 만든다. 남을 돕고, 또 남의 도움을 받는 행동은 불안이나 우울증을 완화시킨다(카터, 2010).

(3) 삶의 기쁨을 음미(향유)해 보라. 순간적인 즐거움과 햇살의 온기를 느껴보라. 덜 행복할 때는 즐거웠던 순간들의 '정신적 사진을 찍어보라.' 음미는 '즐거움을 만들어내고 강화시키고 연장시켜줄 수 있는 어떤 생각이나 행동이다.' 무심코 지나치지 않고 멈춰 서서 장미꽃의 향기를 맡는 일은 음미하는 행동이다. 지치거나 산만해진 상태에서 벗어나 삶에 얼마나 즐길 일이 많은지 의식한다면 역시 음미하는 일이다. 음미하려면 잠시 그 체험으로부터 빠져나와서 되돌아보는 일이 필요하다.

평소에 바쁘게 서둘러서 하는 일(예: 식사하기, 샤워하기, 시장 보러 가기)을 음미하며 즐길 수 있는 시간을 가져본다. 그러한 일이 끝났을 때, 서둘러 할 때와 비교해서 다른 점이 무엇이었으며, 어떻게 달리 느꼈는지를 기록해보라. 하루에 한 번 이상 즐거운 경험을 음미하며 기록한다. 순간을 음미하는 습관은 기쁨을 두 배로 늘려준다. 행복에 영향을 미치는 것은 긍정적인 감정의 깊이보다는 지속시간이기 때문이다.

근원이 무엇이든 상관없이 행복한 기분은 사람들을 보다 생산적이고 더 호감이 가고, 건강하며, 적극적이고, 친절하며, 도움을 주고, 회복력이 강하며, 창의적이게 해준다는 것을 수많은 연구들이 보여주고 있다. 일상을 음미하면서 얻은 즐거움은 지속적으로 반복되며 저절로 강화된다.

(4) 감사를 표현하라. 하나님과 중요한 사람들에게, 그리고 주변에 주어지는 사건에 대해 감사하라. 감사는 "삶을 향해 일어나는 경이, 고마움,

이해의 느낌"이며 자신에게 긍정적 경험을 제공해준 대상에 대해서 고마움을 느끼는 것이다. "범사에 우리 주 예수 그리스도의 이름으로 항상 하나님 아버지께 감사하라"(엡 5:20). 무신론자의 비극은 감사한 일이 있을 때 감사할 대상이 없다는 것이라고 했다.

범사에 늘 감사하는 습관을 갖도록 하자. 우리의 삶에는 감사할 수 있는 크고 작은 일들이 많다. 지난 주에 있었던 사건들을 되돌아보고 감사하게 느낀 사건 다섯 가지를 적어보라. 신세 진 사람이 있거나 고마움을 표현할 사람이 있으면 구체적으로, 그리고 가능하면 직접 만나 감사를 표현하라. 감사한 마음을 지니고 있지만 아직 제대로 감사함을 표현하지 못한 사람에 대해서 생각해 본다. 그리고 그러한 사람들에게 감사의 편지를 써보고, 만약 가능하다면 그들에게 감사의 편지를 전하거나 전화를 하는 등 감사의 표현을 하라.

좋은 느낌에 머물며 좋은 것들을 감사하는 사람은 우울증, 스트레스, 죄책감이나 수치심을 느낄 가능성이 낮은 것으로 드러났다. 규칙적으로 음미하는 연습을 하도록 독려 받았던 참가자들은 행복감이 상당히 증가하고 우울증이 줄어드는 결과를 보였다. 작은 것들을 즐기고 감사하라. 어느 날 돌아보면 그것들에 크고 중요한 것이 있음을 깨닫게 될지도 모른다.

감사의 실천은 부정적인 감정과 공존하기가 어렵다. 감사는 부정적인 감정을 녹여준다. 감사하면서 동시에 원한이나 분노, 우울감을 느끼기는 어렵다.

감사는 스트레스나 정신적 외상에 대처하는 데 도움이 된다. 삶의 환경에 감사하는 능력은 스트레스를 유발하는 부정적 체험을 긍정적으로 재해석하는 적응방법이 될 수 있다. 실제로 규칙적으로 감사를 느끼는 사람들은 정신적 외상과 관련된 기억이 덜 떠오르며, 떠오르더라도 강도가 약하다. 흥미롭게도 사람들은 역경에 직면했을 때 본능적으로 감사를 표현한다. 많은 사람들은 사고를 당한 후 병원에 있다가 퇴원해서 집으로 돌아온 날이 제일 감사하고 행복했다고 회상한다.

(5) 용서하기를 배우라. 우리는 신체적, 성적, 정서적으로 상처나 학대의 피해자일 수 있다. 모욕, 배신, 버림을 당해서 상처를 받을지도 모른다. 우리는 이런 상황에 가해자를 회피하거나 보복하려는 마음을 가질 수 있다. 용서는 피해자들이 휩쓸리기 쉬운 회피의 욕구와 복수의 악순환을 끊어줄 수 있는 유일한 대안이다.

용서는 관용을 베푸는 것도 묵인하는 것도 봐주는 것도 잊어버리는 것도 부정하는 것도 심지어 화해하는 것도 아니다. 용서란 무엇인가? 용서란 네가 나를 괴롭혔으니 나도 너를 괴롭히겠다는 권리를 포기하는 것이다.

왜 용서해야 하는가? 우리가 품고 있는 적개심과 원한은 장기적으로 볼 때 정서적으로나 신체적으로 해롭기만 할 뿐이다. 분노에 집착하는 것은 누군가에게 던지기 위해 뜨거운 숯을 움켜쥐고 있는 것이나 마찬가지다. 용서하는 사람은 증오하거나 우울하고 적대적이며 불안하고 신경증적인 증상을 보이게 될 가능성이 낮아진다. 용서는 피해자가 아닌 승리자가 되는 것이다. 용서는 거의 이기적인 행동이라 할 수 있다. 왜

냐하면 용서가 주는 혜택은 용서를 베푼 사람이 오롯이 받기 때문이다.

용서란 현재의 평온을 회복하고 미래의 희망과 삶의 목적을 되살리기 위해 과거에 받은 분노와 상처에 새로운 틀을 씌우는 작업이다. 당신에게 상처를 주었거나 잘못한 사람이 있으면 그에게 용서의 편지를 씀으로 분노와 원한감정을 해소하라. 용서치 못하면 보복심을 되뇌이게 되나 용서하면 당신의 과거에 대해 긍정적 감정을 느낄 수 있고 마음에 평화를 준다.

용서의 과정은 언제나 결정과 함께 시작된다. 용서는 의지의 행위이며 그렇게 하기로 선택하는 것이다. 비록 우리가 그 순간에 "용서하는 감정을 느끼지" 못한다 하더라도 용서하는 것이 올바르고 건강한 일임을 알기 때문에 그렇게 하는 것이다.

용서는 반드시 머리에서 가슴으로 확대되어야 한다. 감정은 배제될 수 없으며, 반드시 용서하기로 의지적으로 선택하는 것과 함께 따라온다.

우리는 말과 행위를 용서해야 한다. 이미 용서했다고 생각할 수도 있지만 자신의 감정을 자세히 들여다보면 여전히 거기에 쓴 뿌리가 있음을 볼 수 있다. 그러한 용서는 마음에서 우러난 것이 아니다.

용서치 못하는 마음을 깨뜨리고 나오는 것은 겸손과 고백을 필요로 한다. 상대방에게 1%밖에 되지 않은 잘못이 있다 할지라도 우리는 반드시 용서해야 한다.

다음은 성공적으로 용서를 실천한 사람들의 예이다.

– 아버지의 알코올 중독을 용서한다.

– 내게 작문을 못한다고 했던 선생님을 용서한다.

– 우울할 때 곁에 있어주지 않았던 남자친구를 용서한다.
– 아내가 바람피운 것을 용서한다.
– 남동생이 사람들 앞에서 내게 망신준 것을 용서한다.
– 친구가 나를 이용한 것을 용서한다.

직접 만나서 용서할 수 없는 상황이면 용서의 편지를 쓰라(과제: 내담자는 피해를 입은 경험, 그와 관련된 감정 그리고 피해를 준 사람을 용서하는 내용을 담은 편지를 쓴다. 하지만 그 편지를 보내지는 않는다). 더 자세한 지침을 위해 딕 티비츠의 『용서의 기술』을 참고하라.

(6) 인간관계를 돈독히 하라. 친구와 가족에게 시간과 에너지를 투자하라. 어디에 사는가, 얼마나 많은 돈을 버는가, 직업, 심지어 건강도 당신의 생활만족도에 별다른 영향을 미치지 못한다. 행복도에 영향을 미치는 가장 큰 요인은 강력한 인간관계인 것으로 나타나고 있다. 부부관계, 자녀와의 관계, 친구관계는 우리에게 가장 의미 있는 관계이다.

잦은 포옹과 눈 맞춤을 통해 배우자와 식구들에게 언어적, 신체적으로 애정을 표현하라. 당신이 느끼는 감사를 직접 표현하라.

불안 증세나 우울증은 종종 우리가 사회적 관계의 균형에 위협을 느꼈을 때 감정뇌가 어려움을 호소하는 신호이다. 이를 진정시키고 조화롭게 살기 위해서는 좀 더 여유를 가지고 타인과의 관계를 이끌어갈 수 있어야 한다(세르방-슈레베르, 2004).

정서적으로 현명한 친구와 많은 시간을 보내도록 하라. 무엇보다 당신이 정직하고 솔직해질 수 있는 지지집단을 만들도록 하라. 사회적 지원의 가장 중요한 기능은 스트레스와 정신적 외상을 겪는 시기에 사회적으로 지원을 해준다는 것이다. 친구나 가까운 사람에게 문제를 털어놓고 함께 나누는 것보다 우울증에 더 좋은 대응기제는 없을 것이다.

(7) 당신의 축복을 세어보아라. 축복으로 여기기는 긍정적 경험을 행운이자 축복으로 생각하며 이에 감사하는 마음을 지니는 것이다. 감사일기gratitude journal를 쓰라. 일주일에 한 번씩 감사한 것을 3~5가지씩 적어보아라. 최근에 경험한 즐거운 일들을 살펴보고 이야기한다. 그리고 매일 밤에 그날의 즐거웠던 경험 세 가지와 그러한 일이 생겨난 과정을 글로 써본다. 이처럼 즐거운 긍정적 경험을 하는 데 기여한 모든 사람과 여건들을 생각하며 축복이라 여기게 되면, 행복감은 더욱 증가하게 되고 우울증은 자리를 잡지 못하게 된다.

(8) 스트레스와 어려움에 대처하는 전략을 개발하라. 어려움은 피할 수 없다. 이에 대처하는 데 종교적인 신앙이 도움이 될 수 있다. '이것도 시간이 지나면 별일이 아니다. 이것이 죽고 살 문제인가? 사소한 일에 목숨 걸지 말자' 와 같은 말을 믿는 것도 도움이 된다.

내담자로 하여금 과거에 겪은 상실, 실패, 거부 경험들을 생각해보도록 한다. 그런 다음 그러한 경험의 긍정적 측면이나 해결방법을 살펴보도록 요청한다(과제: 내담자는 어떤 사건의 부정적 측면 세 가지와 긍정적 측면 세 가지를 찾아본다).

아침에 일어날 때나 잠자리에 들 때 또는 식사 전마다 기도를 하라.

당신의 성향에 맞는다면 감사의 기도를 하면서 특히 편안한 마음과 행복감을 느낄 수 있을 것이다.

종교적인 믿음은 우울증에 대처하는 데 큰 도움을 줄 수 있다. 종교적인 사람들이 비종교인보다 더 행복하고 건강하며 정신적 외상으로부터 더 잘 회복된다는 것이 임상적으로 밝혀졌다. 하나님이 주관하는 모든 일에 목적이 있다고 느끼면 일상적인 사건이나 외상으로부터 의미를 찾는 데 도움을 받을 수 있다.

많은 그리스도인은 '유일하고도 궁극적인 하나님의 보살핌'을 누리고 있다. 기도와 의미의 재검토, 성령의 위로는 삶의 스트레스를 대처하는 데 큰 자원이 된다. 기도와 집단예배와 같은 종교적 실천은 희망, 감사, 사랑, 경외심, 연민, 기쁨, 심지어 희열까지도 일으키는데, 이는 모두 행복을 증진시키는 느낌들이다.

영적인 사람들은 그렇지 않은 사람들보다 비교적 더 행복하고 정신건강이 좋으며 스트레스 요인들에 더 잘 대응하고 더 만족스러운 결혼생활을 하고 알코올을 덜 사용하며 신체적으로 더 건강하고 장수한다. 하나님이 인간을 사랑하며 인간에게 반응하는 인격적인 존재라고 인식하는 사람들은 그렇지 않은 사람들보다 더 행복하다(류보머스키, 2008).

지금은

자신이 한 없이 초라하고

약해 보여도

우울증을

이기는 힘은

당신 안에 있다

지금은

당신이 절망 속에 있어도

희망은 있다

하나님은 당신을 사랑하신다

당신은 사랑받는 하나님의 자녀다

하나님이 우리에게 주신 것은 두려움이 아니요

오직 능력과 사랑과 절제하는 마음이다

당신은

당신은 우울증을 이길 수 있다

〈행복척도〉

The Revised Oxford Happiness Scale

아래에는 개인적인 행복과 관련된 문장들이 제시되어 있습니다. 각 문항에 대해서 귀하가 오늘을 포함하여 지난 한 주 동안 느낀 바를 가장 잘 나타내는 정도에 따라 1-4사이의 숫자에 O표를 해주시기 바랍니다.

전혀 그렇지 않다	약간 그렇다	상당히 그렇다	매우 그렇다
1	2	3	4

1. 나는 행복하다	1	2	3	4
2. 나는 미래에 대해서 낙관적이다	1	2	3	4
3. 나는 내 인생의 많은 부분에 대해서 만족한다	1	2	3	4
4. 나는 내 인생을 잘 통제하고 있다고 느낀다	1	2	3	4
5. 나는 내 인생에서 상당한 보람을 느낀다	1	2	3	4
6. 나는 나 자신을 좋아한다	1	2	3	4
7. 나는 주변에서 일어나는 일들에 대해 상당한 영향력을 지니고 있다	1	2	3	4
8. 산다는 것은 좋은 것이다	1	2	3	4
9. 나는 다른 사람들에게 흥미를 느낀다	1	2	3	4
10. 나는 대부분의 결정을 쉽게 잘 할 수 있다	1	2	3	4
11. 나는 일들을 잘 해내는 편이다	1	2	3	4
12. 아침에 일어날 때마다 개운한 편이다	1	2	3	4

13. 나는 활기에 차 있다	1	2	3	4
14. 나는 많은 것들에서 아름다움을 느낀다	1	2	3	4
15. 나는 정신적으로 항상 맑게 깨어 있는 편이다	1	2	3	4
16. 나는 건강하다고 느낀다	1	2	3	4
17. 나는 다른 사람들에게 따뜻한 감정을 지니고 있다	1	2	3	4
18. 나는 과거에 대한 행복한 기억들을 많이 지니고 있다	1	2	3	4
19. 나는 종종 쾌활하고 즐거운 기분을 느낀다	1	2	3	4
20. 나는 내가 원했던 많은 것들을 해냈다	1	2	3	4
21. 나는 내 시간을 잘 관리하고 있다	1	2	3	4
22. 나는 다른 사람들과 함께 재미있는 일들을 자주 경험한다	1	2	3	4
23. 나는 다른 사람들을 유쾌하게 해주는 편이다	1	2	3	4
24. 내 인생의 의미와 목적에 대해서 분명한 인식을 지니고 있다	1	2	3	4
25. 나는 내가 하는 일에 몰입하여 전념하는 편이다	1	2	3	4
26. 나는 세상이 참 좋은 곳이라고 생각한다	1	2	3	4
27. 나는 잘 웃는다	1	2	3	4
28. 나의 외모는 매력적이라고 생각한다	1	2	3	4
29. 나에게는 대부분의 일들이 흥미롭게 느껴진다	1	2	3	4

우울장애를 다루는 기독 상담자의 자세

기독상담자는 우울증 환자를 어떻게 도울 수 있는가? 정신과의사 최의헌(2008)은 정신병리를 다루는 기독상담자가 갖추어야 할 자세를 다음과 같이 제시하고 있다.

① 내담자가 병에 대한 의학적인 지식을 충분히 숙지하도록 돕고 치료의 한계 또한 충분히 알 수 있게 도와야 한다. 신체의 질병을 무시하지 않도록 유의해야 하며, 뇌의 질환으로서의 기분장애에 대하여 충분히 알고 환자와 보호자에게 병의 특성과 병을 다루는 지침을 잘 알려주어야 한다.

우울증 치료를 위해 정신과의사로부터 처방약을 받아 복용하는 것을 부끄러워하지 말라고 목회상담자 이관직(2005) 교수는 권하고 있다.

② 인간의 나약함과 환자의 취약성을 충분히 공유해야 한다. 현대의학뿐만 아니라 인간 자체에도 한계가 있다. 우울삽화의 초기에는 경고신호가 있다. 이를 이해할 수 있다면 삽화를 예방하거나 사전 조치를 할 수 있게 된다.

③ 증상 안에 있는 의미에 대하여 기독교 관점의 해석을 제공해야 한다. 하나님은 왜 나에게 이런 질환을 주셨는가에 대해서 신앙적인 답변을 제시할 수 있어야 한다. 신앙의 섭리에서 보면 고통에는 뜻이 있다

(옥한흠, 1995). 고통의 의미를 발견하면 "영혼의 어두운 밤"을 훨씬 더 수월하게 견딜 수 있게 될 것이다. 우울증의 증상은 어떤 의미에서 하나님의 은총이 될 수 있다. 하나님은 우울증을 통해서라도 그리스도인이 바쁘게 살아오던 삶을 멈추고 자신을 돌아볼 수 있는 시간을 갖고 삶을 재정비하게끔 초대하실 수 있다.

④ 신앙생활이 병에 미치는 영향을 파악하여 적절한 방향을 제시하는 것이 필요하다. 신앙생활 및 교회 문화의 차이에 따라 환자의 심리에 도움이 되기도 하고 방해가 되기도 하기 때문이다. 교회에서는 기분장애를 신앙이 부족해 그렇다는 식으로 말하는 편견이 있는데 이를 불식시키기 위해서는 계속적인 계몽이 필요하다. 내담자와 교회 사이에 오해나 충돌이 있을 경우, 기독상담자는 환자의 변호인이 되어야 하며 목회자와 교인을 설득할 수 있어야 한다.

우울증 환자가 상기해야 할 성경적 진리

- 하나님은 인간의 부르짖음을 들으신다. 하나님께서는 고난당하는 사람들을 찾아오셔서 고난 중에 있는 이들을 건지시고 위로하신다 (출 3: 6-8).
- 하나님은 고난당하는 사람들을 돌보는 분이시다. 하나님은 인간의 모든 고난에 관심을 가지시며 모든 고난으로 장애를 받고 있는 인간

의 삶을 회복시키기를 원하신다.

– 하나님은 인간의 삶에 참여하는 분이시다(예: 창28:15). 하나님은 우리의 삶의 정황 가운데 들어오셔서 지치고 절망스러운 우리의 삶을 진리와 은혜의 삶으로 바꾸고 넘치는 감격으로 가득하게 하신다(요 10:10).

– 하나님은 새 삶을 창조하는 분이시다. 신앙적 사고는 인간의 삶에 참여하시고 우리에게 새 삶을 창조하시는 하나님을 신뢰하는 사고이다. 그리스도인의 믿음은 하나님의 인도하심에 대한 신뢰의 고백이다(박민수, 2005).

우울증을 이길 수 있다면 오히려 우울증을 통해 더욱 강하고 행복하며 삶에 더욱 몰두하는 사람으로 변화될 수 있다.

우울증 자체가 죄인가? 그렇지 않다. 많은 경우, 우울증은 사람이 삶에 대하여 하고 있는 일과 관련해 가장 건전한 반응일 수 있다. 우울증은 사람에게 심리적으로, 신체적으로 일어나고 있는 일에 대한 정상적인 반응일 수 있다. 우울증은 그가 삶의 어떤 영역을 소홀히 하고 있음을 알리는 울부짖음이며 메시지이다. 우울증은 그의 삶에 무엇인가가 잘못되어 있음을 알리는 신호이다(왕상 18,19).

우울증은 죄의 결과일 수도 있지만, 상실에 대한 자연적이고 정상적인 반응일 수 있다. 상실을 느끼지 못하는 것은 우리의 인간됨을 부인하는 것과 같다. 내인성 우울증의 경우, 그것을 죄로 간주하는 것은 맹장염을 죄라고 부르는 것만큼 잘못된 것이다.

최근 심리학이나 정신의학에서 인간의 마음과 그 문제들을 이해하는데 공통적으로 사용하고 있는 이론적 모델은 바로 '생물적-심리적-사회적 모델biopsychosocial model' 혹은 '스트레스 취약성 모델diathesis-stress model'이다. 스트레스 취약성 모델은 인간의 이상 행동이나 정신질환을 설명하는 데 있어서 몸속의 생물, 유전적 성향 요인과 생활경험의 스트레스와 같은 외부 환경적 요인의 결합의 결과로 설명하는 이론이다. 필자는 이 책에서 주로 이 이론적 모델에 근거하여 우울증의 원인과 해결책을 찾아보았다.

〈우울증 자가진단표〉

지난 일주일간 나는…

1. 평소에 아무렇지도 않던 일들이 괴롭고 귀찮게 느껴졌다.
2. 먹고 싶지 않고 식욕이 없다.
3. 누가 도와줘도 울적한 기분을 떨쳐버릴 수 없는 것 같다.
4. 무슨 일을 하든 집중하기가 힘들었다.
5. 마음이 슬펐다.
6. 상당히 우울했다.
7. 모든 일들이 힘들게 느껴졌다.
8. 앞일이 암담하게 느껴졌다.
9. 지금까지의 내 인생은 실패작이라는 생각이 들었다.
10. 사람들이 나를 싫어하는 것 같았다.
11. 잠을 설쳤거나 잠을 이루지 못했다.
12. 두려움을 느꼈다.
13. 평소에 비해 말수가 적었다.
14. 세상에 홀로 있는 듯한 외로움을 느꼈다.
15. 도무지 뭘 해나갈 엄두가 나지 않는다.

16. 사람들이 나에게 차갑게 대하는 것 같았다.

17. 갑자기 울음이 나왔다.

18. 비교적 잘 지냈다.

19. 적어도 보통 사람만큼의 능력은 있었다고 생각한다.

20. 큰 불만 없이 생활했다.

채점 방법

1~17번은 5일 이상 (3점)

3~4일 (2점)

1~2일 (1점)

전혀 그렇지 않다 (0점)

18~20번은 5일 이상 (0점)

3~4일 (1점)

1~2일 (2점)

전혀 그렇지 않다 (3점)

총점이 16-24점이면 전문의 상담을 권고하며, 25점 이상이면 반드시 상담을 해야 한다.

자료 : 한국보건의료연구원

〈우울증 검사〉

Center for Epidemiologic Studies Depression Scale

설명 : 다음 문항들은 당신이 지난 일 주일 동안 어떻게 지냈는지에 대한 질문입니다. 아래의 척도를 사용해서 지난 일주일 동안의 당신 상태를 가장 잘 묘사하는 항목의 번호를 쓰십시오.

⓪ 전혀 그렇지 않았다	① 가끔 그랬다	② 종종 그랬다	③ 대부분 그랬다
(1일 이하)	(1-2일)	(3-4일)	(5-7일)

____ 1. 보통 때 별로 걱정하지 않던 일에도 신경이 쓰였다

____ 2. 식욕이 없어서 먹고 싶은 생각이 들지 않았다

____ 3. 가족이나 친구로부터 도움을 받더라도 우울함을 떨쳐버릴 수 없을 것 같았다

____ 4. 나도 보통 사람들만큼은 잘 지내고 있다고 느꼈다 (X)

____ 5. 하고 있는 일에 집중하기가 어려웠다

____ 6. 우울했다

____ 7. 모든 일이 몹시 힘겹게 느껴졌다

____ 8. 미래가 희망적으로 느껴졌다 (X)

____ 9. 내 인생은 실패작이라는 생각이 들었다

____ 10. 두렵다고 느꼈다

____ 11 잠을 설쳤다

____ 12. 행복했다 (X)

____ 13. 보통 때보다 말수가 줄었다

____ 14. 외롭다고 느꼈다

____ 15. 사람들이 내게 불친절했다

____ 16. 삶을 즐겼다 (X)

____ 17. 울음이 나오는 적이 있었다

____ 18. 슬프다고 느꼈다

____ 19. 사람들이 나를 싫어하는 것 같았다

____ 20. 무슨 일을 시작하기가 어려웠다

점수계산 방법

1단계 4, 8, 12, 16번 문항(X 표시가 있는 것)은 반대로 계산해야 한다. 0점을 주었다면 3점으로 고치고, 1점을 주었다면 2로, 2면 1로, 3이면 0으로 바꾼다.

2단계 네 항목의 바꾼 점수를 포함해서 20개 항목의 점수를 모두 더한다.

당신의 우울증 총점 : ______

심리학자들은 우울증을 구분하는 커트라인을 16점으로 잡는다. 우울증의 심각성 정도는 총점에 따라 경미한 상태(16~20), 중간 정도의 상태(21-25), 심각한 상태(26-60)의 범위로 구분한다.

〈역기능적 태도 평가 설문지〉

Dysfunctional Attitude Scale: DAS

각 태도에 대하여, 항목의 왼편에 당신이 생각하는 것을 가장 잘 나타내는 번호를 기록하라. 하나의 태도에 대해 반드시 하나의 번호만을 선택하도록 하라. 사람들은 서로 다르기 때문에, 이들 진술문에 옳거나 틀린 대답 같은 것은 없다. 주어진 태도가 전형적으로 당신의 사물을 바라보는 방식을 나타내는지를 결정하기 위해서는, 단순히 당신이 대부분의 경우 어떠한가를 염두에 두고 답하면 된다.

---

1 = 전적으로 동의한다

2 = 많이 동의한다

3 = 약간 동의한다

4 = 중립적이다

5 = 약간 동의하지 않는다(이렇게 생각하지 않는다)

6 = 많이 동의하지 않는다

7 = 전적으로 동의하지 않는다

______ 1. 사람은 잘 생기고 지성적이고 부자이고 창의적이지 않다면 행복하기가 어렵다

______ 2. 행복이란 다른 사람이 나에게 대하여 느끼는 방식보다는 나 자신에 대한 나의 태도의 문제이다

______ 3. 내가 실수를 한다면 아마 사람들은 나를 덜 좋게 생각할 것이다

_____ 4. 내가 항상 잘하지 않는다면, 사람들은 나를 존중하지 않을 것이다

_____ 5. 사소한 모험이라도 그 상실은 파국이 될 가능성이 많기 때문에, 조그만 모험이라도 하는 것은 어리석은 일이다

_____ 6. 어떤 것에 특별한 재능이 없더라도 다른 사람의 존경을 받는 것이 가능하다

_____ 7. 내가 아는 대부분의 사람들이 나를 존중하지 않는 한 나는 행복할 수 없다

_____ 8. 사람이 도움을 구한다면, 그것은 하나의 연약함의 징후이다

_____ 9. 내가 다른 사람들처럼 잘 하지 않는다면, 그것은 내가 연약한 사람이라는 뜻이다

_____ 10. 내가 하는 일에서 실패한다면, 나는 한 인간으로서 실패한 것이다

_____ 11. 만일 당신이 어떤 일을 잘 하지 못한다면, 그 일을 하지 않는 것이 차라리 낫다

_____ 12. 실수를 통해서 배울 수 있기 때문에 실수를 하는 것은 괜찮다

_____ 13. 만일 어떤 사람이 나와 의견을 달리 한다면, 그것은 아마도 그가 나를 좋아하지 않음을 나타내는 것이다

_____ 14. 내가 부분적으로 실패하면, 그것은 완전히 실패하는 것만큼 나쁜 것이다

_____ 15. 만일 다른 사람들이 당신이 진짜 어떤 사람이라는 것을 안다면, 그들은 당신에 대해 덜 좋게 생각할 것이다

_____ 16. 내가 사랑하는 사람이 나를 사랑하지 않는다면, 나는 아무 것도 아니다

_____ 17. 사람은 최종결과와 상관없이 어떤 활동에서 즐거움을 얻을 수 있다

_____ 18. 사람들은 어떤 일을 해보기 전에 성공하는 기회를 가져야 한다

______ 19. 한 인간으로서의 나의 가치는 다른 이들이 나를 어떻게 생각하느냐에 크게 좌우된다

______ 20. 내가 자신에 대해 최상의 기준을 세우지 않는다면, 나는 이류 인간으로 끝날 가능성이 많다

______ 21. 내가 가치 있는 인간이 되려면, 적어도 한 분야에서는 최고가 되어야 한다

______ 22. 좋은 아이디어를 가진 사람이 그렇지 않은 사람보다 낫다

______ 23. 내가 실수를 한다면 화를 내는 것이 마땅하다

______ 24. 나 자신에 대한 나의 의견이 나에 대한 다른 이들의 의견보다 더 중요하다

______ 25 선하고 도덕적이고 가치 있는 사람이 되기 위해서는, 도움을 필요로 하는 모든 이를 도와주어야 한다

______ 26. 내가 질문을 한다면, 그것은 나를 바보처럼 보이게 만든다

______ 27. 나에게 중요한 사람들로부터 무시당하는 것은 비참하다

______ 28. 나에게 기댈 사람이 없다면, 나는 슬퍼질 것이다

______ 29. 나를 몰아붙이지 않고도 나는 중요한 목표에 도달할 수 있다

______ 30. 사람이 꾸중을 듣고도 화를 내지 않을 수 있다

______ 31. 다른 사람들이 나에게 잔인하게 나올 수도 있기 때문에, 나는 다른 사람들을 신뢰할 수 없다

______ 32. 만일 다른 사람들이 당신을 싫어한다면, 당신은 행복할 수 없다

______ 33. 다른 사람을 기쁘게 하기 위해서는 당신의 이해관계를 포기하는 것이 제일 좋다

_____ 34. 나의 행복은 나에게 달렸다기보다 다른 사람에 의해 더 좌우된다

_____ 35. 나는 행복해지기 위해 다른 사람들의 인정을 받을 필요가 없다

_____ 36. 사람이 문제를 회피하면, 문제들이 사라지는 성향이 있다

_____ 37. 비록 내가 인생의 많은 좋은 것을 놓친다고 해도 나는 행복할 수 있다

_____ 38. 다른 사람들이 나에 대해 어떻게 생각하느냐 하는 것은 매우 중요하다

_____ 39. 혼자인 것은 불행으로 가는 길이다

_____ 40. 나는 다른 사람의 사랑을 받지 않고도 행복을 발견할 수 있다

채점 방법

이 설문지의 채점방법은 아주 쉽다. 생략한 문항에는 0점을 주고, 스케일의 적응적인 쪽에 1점을 (1쪽으로 갈수록 적응적이고 7쪽으로 갈수록 부적응적이다) 주고, 단지 모든 항목의 점수를 합산하면 된다. 생략하고 뛰어넘은 항목이 없다면, 이 설문의 점수(스코어)는 40점에서 280점 안에 들 것이다. 낮은 스코어가 나올수록, 더 적응적인 사고와 믿음을 가지고 있는 것으로 볼 수 있다. 점수가 높을수록 우울증세가 나타날 가능성이 높다.

이 설문지의 문항은 인정approval, 사랑, 성취, 완벽주의, 권리주장entitlement, 전능성omnipotence, 그리고 자율autonomy 등 7가지 주요 가치체계를 나타내도록 구성되어 있다 (아치볼드 하트, 『우울증, 이렇게 치유할 수 있다』, 정동섭 역, 오단, 2000).

〈우울증 체크 리스트〉

최근 2주 동안 다음의 항목에 대해 얼마나 자주 겪는지를 점수로 표시하라.

없으면 0점 ; 3~4일은　1점 ; 8~10일은　2점 ; 12~14일은　3점을 기입하라.

(　) ① 무슨 일을 하는 데 흥미나 재미를 거의 느끼지 못한다

(　) ② 기분이 처지거나, 우울하거나, 희망이 없다고 느낀다

(　) ③ 잠들기 어렵거나, 자주 깨거나, 혹은 너무 많이 잔다

(　) ④ 피곤하다고 느끼거나 기운이 거의 없다

(　) ⑤ 식욕이 거의 없거나, 아니면 너무 많이 먹는다

(　) ⑥ 나 자신이 싫거나, 자신을 실패자라고 여긴다

(　) ⑦ 어떤 일(신문 읽기, TV 보기 등)에 집중하기 어렵다

(　) ⑧ 움직임이나 말이 너무 느려 남들이 알아차릴 정도이다
아니면 안절부절 못하거나 가만히 있지 못하고 많이 돌아다닌다

(　) ⑨ 차라리 죽었으면 더 낫겠다는 생각을 하거나, 어떻게 해서든지
자해를 하려고 생각한다

판정 : 10점 이상이면 우울증이라고 보고 정신의학과 진료 필요

자료 : 대한정신건강의학회

참고도서 및 추천도서

강천구, "체화개념을 통한 우울증의 전인적 이해," 『목회와 상담』, 한국목회상담학회, 2009 가을.

게리 콜린, 『효과적인 상담』, 정동섭 역, 두란노서원, 1984.

_____ 『기독교상담의 성경적 기초』, 안보현 역, 생명의말씀사, 1996.

_____ 『뉴 크리스천 카운슬링』, 한국기독교상담심리치료학회 역, 두란노, 2009.

_____ 『게리 콜린스의 마음탐구』, 허영자 역, 두란노서원, 1987.

구자형, 강봉숙, 『생명의 샘을 여는 내적치유』, 퍼내기, 2009.

권석만, 『우울증』, 학지사, 2000.

_____ 『현대 이상심리학』, 학지사, 2003.

권장희, 『우리 아이 게임절제력』, 마더북스, 2010.

김병오, 『영혼과 우울증』, 대서, 2009.

김예식, "표적 증상을 통해 본 교회 내 우울증 환자의 인지치료적 대처방법," 『일반상담과 목회상담』, 예영커뮤니케이션, 2003.

김 진, 『정신분열증에 대하여 나누고 싶은 이야기』, 서울: 뜨인돌, 1997

_____ 『구원 이후의 여정은』, 생명의말씀사, 2010.

김충렬, "기독교인이 왜 자살하는가", 『증가하는 자살, 어떻게 할 것인가』. 한국기독교상담 & 심리치료학회, 2010.

김충렬, 『기독교인이 왜 자살하는가』, 한국상담치료연구소, 2009.

김현진, 『성경과 목회상담』, 솔로몬, 2007.

H. 노먼 라이트, 『트라우마 상담법』, 금병달, 구혜선 역, 두란노, 2010.

닐 앤더슨 & 죠앤 앤더슨, 『우울증을 극복하기 위한 내가 누구인지 이제 알았습니다』. 죠이선교회, 2006.

다비드 세르방-슈레베르, 『치유: 우울증, 불안, 스트레스, 화』, 정미애 역, 문학세계사, 2004.

데이빗 씨맨즈, 『상한 감정의 치유』, 송헌복 역, 두란노, 1986.

딕 티비츠, 『용서의 기술』, 한미영 역, 알마, 2008.

롤프 메르클레, 『왜 나는 우울한 걸까』, 정혜경 역, 생각의 날개, 2010.
마리-크리스틴 아르디-바일레, 『정신과적 진단』, 임말희 역, NUN, 2009.
마틴 셀리그만, 『낙관적인 아이』, 물푸레, 2010.
_____ 『아픈 당신의 심리학 처방전』, 권오열 역, 물푸레, 2011.
매트 로저스, 『우울증 탈출기』, 정우경 역, 글샘, 2010.
민성길, 『최신 정신의학』, 일조각, 1999.
박민수, "성경적 관점에서 본 우울", 『복음과 상담』, 35호, 기독상담연구소, 2005.
빌리 그래함, 『기독교사역자 핸드북』, 황을호 역, 생명의말씀사, 1986.
백상진. 『백상진 박사의 현대병 예방?치료훈련 강의록』. 현대병투병연구소, 2012.
서종남, "고부갈등이 빚어낸 시모의 우울증 심리치료", 『기독교상담학회지』, Vol. 6, 한국기독교상담심리치료학회, 2003.
소냐 류보머스키, 『How to Be Happy: 행복도 연습이 필요하다』, 오혜경 역, 지식노마드, 2008.
수 앳킨슨, 『우울의 심리학』, 김상문 역, 소울, 2010.
신진, "우울질의 우울증에 대하여", 『복음과 상담』 35권, 기독교상담연구소, 2005.
아치볼드 하트, 『우울증, 이렇게 치유할 수 있다』, 정동섭 역, 요단, 2002.
_____ 『숨겨진 감정의 회복』, 정성준 역, 두란노, 2005.
_____ 『남성 우울증』, 조현주,현명호,김정미 공역, 학지사, 2006.
안도현, 『우울증: 죽음으로 향하는 다리』, 예영컴뮤니케이션, 2008.
옥한흠, 『고통에는 뜻이 있다』, 국제제자훈련원, 2000.
와다나베 쇼스케, 『우울증은 치료된다』, 서울 동도원, 2000.
윌리암 커윈, 『현대 기독교 상담학』, 정동섭 역, 예찬사, 2007.
이관직, 『목회 심리학: 목회자의 갈등, 고독, 탈진, 스트레스』, 국제제자훈련원, 2005.
이민수, 『우울증 119』, 서울: 가림출판사, 2005.
이병주, 『심리상담과 우울증 및 자존감 치유』, 솔로몬, 2009.
이장호, 『상담 심리학』, 박영사, 2005.
이태연 & 최명구, 『생활 속의 정신건강』, 신정, 2006.
전요섭, "우울증 회복을 위한 기독교 상담적 접근", 『가정과 상담』 제28호.
조정래, 『영어로 배우는 지혜』, NUN, 2012.
정동섭, 『부부성숙의 비결』, 이든북스, 2010.
최의헌, 『정신병리 강의: 마음의 병은 어떻게 생겼을까?』, 시그마프레스, 2008.
최현석, 『인간이 모든 감정』, 서해문집, 2011.

케런 레이비치 & 앤드류 샤테, 『절대 회복력』, 우문식 & 윤상운 공역, 물푸레, 2011.
크리스틴 카터, 『아이의 행복키우기』, 물푸레, 2010.
토르실 베르게, 아르네 레폴, 『행복을 훔치는 도둑 우울증』, 손화수 역, 문예출판사, 2007.
폴 투르니에, 『죄책감과 은혜』, 추교석 역, IVP, 2001.
폴 투르니에·정동섭, 『현대인의 피로와 휴식』, 진흥, 2011.
프랭크 미너스, 『내면적 행복이 이끄는 삶』, 정지훈 역, 예찬사, 2005.
하지현. 『청소년을 위한 정신의학 에세이』. 해냄, 2012.
한재희, "기독교인의 우울증 극복을 위한 통합적 접근", 『한국기독교상담학회지』, 2007, Vol 14, 한국기독교상담심리치료학회, 2007.
현성용 외 16명, 『현대심리학 입문』, 학지사, 2008.
홍성남, 『벗어야 산다』, 가디언, 2011.
A.T. Beck, *Cognitive Therapy of Depression,* New York: Wiley, 1980.
Bruce & Nelie Litchfield, *Christian Counselling and Family Therapy Vol.* 2, Litchfield Family Services Centre, Canberra, Australia, 2001.
Carol Tavris, Anger: *The Misunderstood Emotion*, Touchstone, 1982.
Don Colbert, *Deadly Emotions*, Thomas Nelson, 2003.
Frank Minirth, *Christian Psychiatry*, Fleming Revell, 1977.
Gary Collins, *Christian Counseling Casebook*, Thomas Nelson, 2007.
Gerald Davidson & John Neale, 『이상심리학』, 이봉건 역, 시그마프레스, 2000.
Grace Ketterman, *Depression Hits Every Family*. Nashville: Thomas Nelson, 1988.
H. Norman Wright, Crisis Counseling. Here's Life Publishers, 1985.
Les Parrot III, *Helping the Struggling Adolescent*, Grand Rapids: Zondervan, 2000.
Mark McMinn, *Cognitive Therapy Techniques in Christian Counseling*, Word Publishing, 1991.
Mark Yarhouse, Richard Butman & Barrett Mcray, *Modern Psychopathologies*, Downers Grove: IVP, 2005.
Martin Seligman, Learned Optimism, New York: Pocket Books, 1990.
_____ Positive Psychotherapy, *American Psychologist*, 11, 774~788.
Phillip Yancey, *Disappointment with God, Grand Rapids*, MI: Zondervan, 1988.
Ronald Bainton, *Here I Stand: A Life of Martin Luther*, New York: Abingdon, 1950.
Rodney Hunter, *Dictionary of Pastoral Care and Counseling*, Abingdon Press, 1990.

Siang-Yang Tan & Michael Lyles, "Depression and Bipolar Disorders", *Caring for People God's Way*, Tim Clinton, Archibald Hart, George Ohlshchlager(eds), Nashville: Thomas Nelson, 2005.

Vance Havner, *Though I Walk Through the Valley*, New Jersey: Revel, 1974.

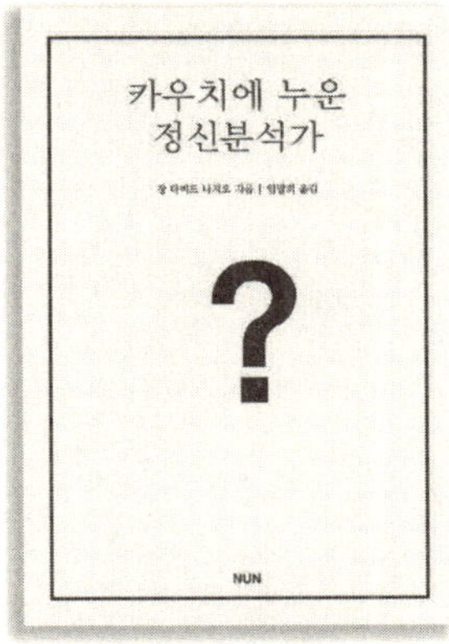

심리치료, 정신분석 그거 뭐 하는 거예요?

이 책에서는 프랑스 유명 정신과의사이자 정신분석가인 장-다비드 나지오가 심리치료와 정신분석에 관해 솔직한 속내를 들려준다. 청년 심리학도 디아즈가 심리치료와 정신분석에 관해 거리낌없이 던지는 질문들에 나지오 박사는 내용적 깊이를 놓치지 않으면서 청년의 눈높이에 맞춰 쉽고 명쾌하게 답해 준다.

장-다비드 나지오 지음 | 임말희 옮김
값 18,000원

베일에 쌓인 정신분석의 세계를 벗기다!

프랑스국립 파리8대학 정신분석학과장인 제라르 밀레르가 정신분석을 경험한 다양한 인사들과 인터뷰 형식으로 정신분석 첫 회기에 관한 경험을 나눈 다큐멘터리 DVD이다.
자크 라캉의 사위 자크-알랭 밀레르의 친남동생이기도 한 제라르 밀레르는 정신분석가, 철학자, 정치학자로서 전 프랑스 영부인 카를라 브루니를 비롯해 16명의 내담자들과 정신분석에 대한 궁금증과 오해들을 세련되고 극적인 방식으로 전해준다.

값 15,000원